"... und verschwende dich nicht!"

Karl Niemann

© 2017

Herstellung und Verlag:
BoD – Books on Demand
Norderstedt

ISBN: 9783743159839

"… und verschwende dich nicht!"

Karl Niemann

In diesem Libellus (Büchlein)
liest du über Episodenberichte

von Leuten
'um die 20' bis 'um die 90'

mit Reflexion
und
Wirkungsanalyse

dazu das Modell zur ganz
persönlichen Weiterarbeit zu

'Was sagt mir das
für mein eigenes Leben?'

Karl Niemann - **Age Manager**
www.agemanager.de

Für dich
kann der Libellus
Wegweiser sein;

*gleich
ob du JUNG oder ALT bist.*

*Immer dann,
wenn du vor Umbrüchen
in deinen Lebensphasen stehst!*

„ ... und verschwende dich nicht!"

Inhaltsverzeichnis des Libellus

Eberhard Gebauer
verschwendet kein VORWORT   11

**Wo befinde ich mich
gerade im Leben?**   19

Dieses Buch zeugt von Wegfindungen,   20
mit Lust im Bauch, Frust auch

16 Episodenberichte   23

um die 20	1) Elisa	2) Jan
um die 30	1) Anna	2) Thomas
um die 40	1) Miriam	2) Franziska
um die 50	1) Charlotte	2) Jörg
um die 60	1) Werner	2) Verena
um die 70	1) Gabriele	2) Wolf-Erwin
um die 80	1) Pia	2) Hilde
um die 90	1) Hans-Georg	2) Martha

Die Fragen: 87

Was steht im Vordergrund? 87
Was stört allzu oft? 98
Was führt konkret zur Entscheidung? 108

Und was habe ich davon? 114
Und die anderen?

Wie zufrieden / glücklich macht die 114
Entscheidung sich eben nicht zu
verschwenden?

   +

Wie ist die Wirkung der Entscheidung 121
auf jene die um mich herum sind?

Ende
der reflektierten Episodenberichte 128

Was ich noch sagen will, 130
damit's persönlich werden kann:

mein Aufruf:
„ ... und verschwende dich nicht! "

Wie dir dieses Arbeitsmuster 134
helfen kann,

ob du nun um die 20
oder um die 90 bist,
oder irgendwo dazwischen!

Und nun:

Verschwende keine Zeit mehr!

**Eberhard Gebauer
verschwendet kein VORWORT**

*„Nur noch kurz die Welt retten
…. die Zeit muss einfach sein".*

Am Anfang war das Wort. Und ganz am Anfang das Vorwort. Karl Niemann ist ein Lebenskünstler, ein Künstler achtsamer und wachsamer Lebensgestaltung. Statt einer Warteschleife eines gut gewählten Vorwortes, ist er eher ein Typ der Marke „Zur Sache Schätzchen", um den Filmklassiker zu bemühen. Das Ihnen vorliegende Buch zeichnet sich durch seine Originalität der Geschichten aus und erhöht seine Aussagekraft durch die fachlich gelassene und kompetente Kommentierung des Autors, der dabei seine Lebenserfahrungen und Menschenkenntnis gut ins Spiel bringen kann.
Das Leben ist einmalig. Das Leben ist schön. Schön und gut. Es kommt wie überall auf die Betonung und den guten Ton an. Zum Träumen gehen wir gern ins Kino.
Ja, das Leben ist schön, man kann es nicht oft

genug wiederholen. Der gleichnamige Film ist schon ein Kino-Klassiker. Der Spruch ziert als Memo fürs Leben so manche Pinnwand oder Kühlschranktür. Das wahre Leben ist nicht immer filmreif, sondern kann sich auch ganz schön ziehen. Zum Beispiel wenn gute Partner fehlen, weil sie gegangen sind oder wenn schlechte Partner gegangen wurden, weil sie fehl am Platze sind oder sein sollten.

Das Leben ist vor allem dann schön, wenn wir etwas aus ihm machen. Dass man etwas daraus machen kann und wie man es machen könnte, dazu gibt das Buch gegen die Selbstverschwendung viele Hinweise.

Der Appel Niemanns „Du sollst dich nicht verschwenden!" wird von ihm, der auch Theologie studiert hat, wie ein elftes Gebot immer wieder in das Licht der Lebensfragen gerückt.

Karl Niemann hat mit eigenen Recherchen Geschichten entdeckt, die den Leser anrühren, erfreuen aber auch erschrecken können. Es sind Geschichten des sich Durchsetzens, sich frei Machens von oft begehrten und verehrten Ballaststoffen oder von Verlockungen am Wegesrand.

Die Episoden eröffnen eine ganze Bandbreite

zwischen kostbarer Achtsamkeit und Augenmerk auf den Weg einerseits und Überfluss an Gefühlen und Verschwendung andererseits. Sie werden in diesem kleinen aber feinen Buch Seite für Seite viele Arten von Lebensvariationen kennenlernen von der sorgsamen Planung bis zum Laufen lassen des Lebens. Durch die Vielseitigkeit der Möglichkeiten erhält der Leser Hinweise von Verschwendung umzuschalten auf Eigenbedarf von Denken und Tun. Das Ablegen einer Uhr oder das Ignorieren eines beruflich vermeintlich wichtigen Anrufs stehen symbolisch für die Änderung von Richtung und Geschwindigkeit. Aber auch die Leitung eines Töpferkurses kann sinnvoll und sinnstiftend sein.

Es sind Frauen und auch Männer unterschiedlichster Lebenswege, denen Karl Niemann näher gekommen ist und die ihm ihre Gedanken geöffnet haben. Junge Leute sind dabei, die ihr Leben noch vor sich haben und mit dem Begriff der Lebensverschwendung noch gar nichts anfangen können, weil es für sie zum täglichen Brot gehört. Auch viele

Ältere haben sich dem Autor zu Lebenswendungen und Lebensverschwendungen geöffnet.
Es sind ältere Mitmenschen, die nicht alle immer nur auf die mehr oder weniger schöne Vergan-genheit blicken und ansonsten nur warten. Es sind junge Menschen interviewt worden, die kurz noch die Welt retten, über 140 Mails öffnen und danach bei ihr oder sich sind, wie es Tim Bentzko so nachfühlsam und verschwenderisch zugleich erklingen lässt.

Karl Niemann beschreibt in den Episoden keine oberflächlichen Home-Stories oder belanglose Erlebnisse. Er versteht es sich zurückzunehmen, sich also auch persönlich nicht zu verschwenden. Weiß aber auch, wo er nachsetzen muss, um den Faden im Auge zu behalten. Er ist in dem Fall kein Steuermann sondern ein Moderator und vor allem ein aktiver Zuhörer. Mit seiner Lebenserfahrung und seinen hehren Interview-Absichten schafft er eine Atmosphäre von Vertrauen und Offenheit.
Er schafft es, Menschen zum Sprechen zu bringen über Themen, die sicher bislang tabu

waren. Der Autor lässt die Gesprächspartner zu Wort kommen, auch wenn ihm selbst – aber auch dem Leser - bei dem einen oder anderen Moment die Worte fehlen könnten. Die kleinen Geschichten von Leben, Liebe und auch Tod, von Erfolgen und Misserfolgen, von Abschieden, Neuanfängen und Verlusten laden ein, mit den „Hauptdarstellern" in einen gedanklichen Dialog zu treten.

Karl Niemann lässt seine Leser die Episoden nicht nur miterleben und mitleiden, er versucht daraus auch Lebenshilfen abzuleiten. Er ist kein Besserwisser sondern er sucht aus den Gesprächen die Störfaktoren des alten Lebens und baut daraus Leitplanken für das neue Leben auf. Er lässt den Leser bei der Interpretation der Lebensskizzen nicht allein, sondern hilft ihm, die Geschichten zu bewerten. Er bringt in das breite Spektrum - trotz aller Zufälligkeiten, mit denen Episoden per se leben müssen – eine Lebensordnung.

Niemann schreibt in seinem Buch keine Generationen-Komödie, Alt gegen Jung oder umgekehrt. Das Alter wird bei dem Autor oft nur zum formalen Ordnungskriterium. Inhaltlich haben viele, so alt oder jung sie auch sein mögen, trotz aller empfundener Einzigartigkeit verbindende Gemeinsamkeiten.

Das Leben ist oft ein Abfahrtslauf im Schnee, mit Menschen, die darauf abfahren, immer schneller ans Ziel kommen zu wollen. Niemann zeigt auf, dass das Leben doch eher ein Slalomlauf ist mit wechselnden Fahrrouten. Dabei geben die Slalomstangen die Richtung für die Slalom- und Lebensläufer vor. Wofür die Stangen stehen können, auch darüber hat sich Niemann mit der Aussagekraft der Episoden im Hinterkopf Sinnvolles an Lebenshilfen einfallen lassen.

Karl Niemann fordert seine Leser zum Weiterdenken, besser Leben und achtsamer Erleben auf.

Und so wird das Buch am Ende dann doch zu einem Ratgeber, zu einem Sachbuch, das „Zur Sache" geht ob mit oder ohne „Schätzchen". Und wenn das Vorwort die Lust auf Lesen im Sinne eines gedanklichen „Warming Up" angeregt hat, dann waren diese Vorbemerkungen keine Verschwendung von Zeit und Raum. Karl Niemann zeigt in seinem Libellus klare Lebenslinien der Beteiligten auf. Er achtet dabei aber nicht nur auf das Große und Ganze, sondern er erfaßt zusätzlich die Details. Das betrifft auch das Format seines Impulsgebers und Lebensschrittmachers. Auch hier achtet der Autor, dass nichts verschwendet wird. Das gilt auch für das Format. Der Fachmann würde das im Sinne einer „Corporate Identity" sehen, ein Wort, das Karl Niemann niemals in den Mund nähme. Für ihn ist das ganz einfach eine Frage von Sinn und Logik. Schließlich komme es ja auf das innere Format an. Niemann möchte damit auch vermeiden, dass sich sein kleines aber feines Werk im häuslichen Regal-Friedhof zwischen Koch- und Lebensrezepten auf nimmer Wiedersehen verabschiedet. Mit dem kleinen Format steigen die Chancen, dass das Buch dort bleibt, wo es gesehen und gebraucht wird und auch hingehört: Da wo das Leben spielt, ob zuhause oder auf Reisen, ob selber lesen oder vorlesen, ob unterm Kopfkissen oder auf dem Balkontisch, ganz egal. Sie haben es jetzt in der Hand!

Eberhard Gebauer
Mitglied im *Verbund 'Manager in Excellence'*

Wo befinde ich mich gerade im Leben?

Wer kennt das nicht(?!):
Du siehst von deiner Arbeit auf, atmest kurz durch, blickst zum Fenster. Dich faszinieren die Blätter wie sie sich im Wind bewegen, du atmest noch einmal durch, diesmal etwas länger.

Dir kommt der Gedanke:
Warum verschwende ich mich eigentlich?
Für wen tu ich das?
Wofür?
Dann ist erst einmal Pause. Sie hast du dir redlich verdient.

Du hast es geschafft innezuhalten.
Ganz ohne Zutun anderer. Das heisst, andere waren schon daran beteiligt.
Mal mehr mal weniger.

So!
Den ersten Schritt hast du getan.

Dieses Buch zeugt von Wegfindungen, mit Lust im Bauch, Frust auch

Es ist eine Befragung und Betrachtung von Umbruchsituationen, in die Frauen und Männer in ihrem Lebensverlauf gerieten.
Du liest von 16 Menschen zwischen > um die 20 bis um die 90 Jahre <.
Das Thema ist stets 'Verschwendung des eigenen Lebens oder auch gerade nicht'.
Teils nehmen sie direkt Stellung, teils betrachte ich sie aus der Ferne.

Ich nenne es 'Episodenberichte', weil es immer Episoden waren – kaum ein langes Daraufhinarbeiten – dass man sich Gedanken zu 'Verschwendung ' machte.
In den geschilderten Episodenberichten kommt ein Bedürfnis heraus, eben den richtigen Weg aufs Ziel hin zu wählen. Es gilt für jede Frau, jeden Mann, Das jeweilige Alter spielt da keine oder nur eine untergeordnete Rolle.
Klar – muss der Lebensweg, der rechte, erst gefunden werden.

Das Ziel auch!
Aber wie leicht ist das gedacht und gesagt. Und wie schwer ist es getan.
Sehr schwer!
Vor allen Dingen gehört eine gehörige Portion Egoismus dazu, und doch verbunden mit dem geschätzten/geliebten Gegenüber - in der Nähe oder in der Ferne (im Geiste).

Eindeutig kannst du Zufriedenheit bei sieben der 16 Personen feststellen. Bei den anderen bedarf es einer differenzierten Betrachtung.
Elisa (um die 20) machte sogar den Sprung aus ihrem geliebten Elternhaus heraus und dann gleich weg ins Ausland. Dafür hat sie jahrelang Anlauf genommen.
Martha (um die 90) hat bei ihrem Zuhörer einen Schock ausgelöst. Hätte wahrscheinlich im direkten Gespräch jeden so getroffen. Passiert hoffentlich nur einmal im Leben, dass jemand von um die 90 zum Schluss eines Interviews zu den Worten findet „Ja, einen Grossteil meines Lebens habe ich verschwendet. Klingt fürchterlich, ich weiss."
Dem Interviewer ist der Stift aus der Hand gefallen!

Eine Einteilung in jung, älter und alt habe ich vorgenommen, eben von um die 20 bis um die 90 Jahre. Nach Dekaden unterteilt!
Sieh selbst, ob und wann vielleicht die Unterschiede im Erleben und die fälligen Entscheidungen wirklich altersbedingt sind.

Ich stelle dir die Frauen und Männer vor. Sie definieren sich nicht - wie es sonst üblich ist - über den Beruf. Ich stelle dir jede Person als Mensch vor.
Dann hast du es auch leichter die geschilderte Situation als deine oder auf keinen Fall deine zu erkennen.

In den Episodenberichten machen mit:

- um die 20   1) Elisa   2) Jan
- um die 30   1) Anna   2) Thomas
- um die 40   1) Miriam   2) Franziska
- um die 50   1) Charlotte   2) Jörg
- um die 60   1) Werner   2) Verena
- um die 70   1) Gabriele   2) Wolf-Erwin
- um die 80   1) Pia   2) Hilde
- um die 90   1) Hans-Georg   2) Martha

Zur Beachtung: Die Namen sind der Fairness halber fiktiv. Die Situationen sind echt.

Mit den geschilderten Episodenberichten findest du zu der Erkenntnis – wie es schon in Benatzkys Singspiel 'Im weissen Rössl' – jubiliert wird:
„S'ist einmal im Leben so, andern geht es ebenso." So hast du jede Menge Anhaltspunkte um mit der Frage umzugehen >Warum verschwende ich mich eigentlich?<. Lies mal.

16 Episodenberichte

- um die 20 – Elisa
„23 bin ich," meinte Elisa auf meine Frage und fügte hinzu: „so ganz gerade war mein Weg bisher wirklich nicht."
„Was fällt dir als erstes dazu ein?"
„Na, das ich jetzt mit 23 mein richtiges Studium starte. Psychologie in Holland. Dabei habe ich mein Abitur schon vor Jahren gemacht."
„Was war los? Was oder wie hast du denn zuvor studiert?"

„Ich hatte gedacht, BWL gepaart mit Psychologie sei das was ich wollte. Aber Organisations-psychologie ist nicht wirklich meins. Es hat gedauert bis ich's merkte. Hing auch mit meinem Studienort zusammen. War alles so eingefahren."
„Wo studiertest du denn?"
„Zuhause. Ich war bei der Fernuni eingetragen. Und das dauert da alles!"
„Ist denn jetzt zum Studienbeginn hinter der Grenze in Holland dir alles klarer?"
„Ja, auf jeden Fall. Mir gefällt es später als forensische Psychologin zu arbeiten."
„Kenn ich vom Fernsehen: die Profiler."
„Ja, zum Beispiel."

„Ein Familie gründen spielt für dich aktuell eine nachrangige Rolle?"
„Schon. Ich will auf eigenen Beinen stehen. Mich nicht abhängig machen."
„In jungen Jahren muss man ja bemüht sein, möglichst viel aufzunehmen. Andererseits muss man lernen sich nicht zu verzetteln? Wie schaffst du hier die Balance?"
„Ich geh da recht egoistisch vor, halte mich an Sachen die mich am meisten interessieren.

Und da ich das – wie z.B. die Nachrichten sehen – mehrmals am Tag mache, bin ich es eigentlich schon gewohnt mir das Wesentliche zu merken."

„So gibt es also bei dir keinen - nennen wir es - Wettkampf zwischen 'sich verschwenden' und 'sich nur auf das Wesentliche reduzieren'?
Warum lachst du?"

„Nun, mein online shopping ufert schon mal aus."

„Hä?"

„Ja, das geht doch alles so einfach. Man kann's im Bett bestellen. Es kommt zu einem nach Haus. Und wenn man es dann doch nicht will kann man's kostenlos zurücksenden."

„OK. Hab verstanden.
Eine letzte Frage:

Bekamst du in den letzten Jahren entscheidende Impulse, die deinen Weg beeinflusst haben?

„Impulse, die dazu führten dass ich meinen Lebensweg gezielter angehe?"

„Ja, die dich dazu brachten dass du dich auf

keinen Fall verschwendetest."
„Ja, mehrere gab es.
Da war meine Freundin die kurz vorm Abitur starb, an Krebs starb. Vorab hatte sie sich eine Liste erstellt, die sie dann abarbeitete. Sogar ihre Beerdigung und ihren Gang ins Hospiz hatte sie selbst geplant. Sehr geprägt hat mich das, für meine eigene Zielorientierung.
Weiter muss ich meinen Vater nennen. Ich habe irgendwann gemerkt wie ich ihm nacheiferte.
Und – auch eine Flüchtlingsgruppe, vierzehn Mädchen aus Syrien, hat mich beeindruckt.
Wie die trotz der eindringlichen oder sogar fürchterlichen Erlebnisse dort an ihrem Lebens-plan festhielten, ihr Studium der Medizin anzugehen."
„Danke Elisa."

- um die 20 – Jan

Jan schien zum ersten Mal interviewt worden zu sein. Zu sich selbst. Er ist jüngst 21 geworden, zeitgleich mit dem Bestehen des Abiturs.
„Was ist deine Tätigkeit?" frage ich ihn. „Ja, nix", ist seine Antwort.

Ich verziehe keine Miene. Die Antwort ist ja authentisch für jemanden der gerade mitten im Umbruch seiner Lebenssituation sich befindet, jetzt erst wirklich erwachsen wird. Jan erklärt sich dann, dass er zum Wintersemester mit dem Studium beginnt, in Wien. „Mit Architektur", meint er.
Auf seine Zielvorstellung angesprochen nennt er den Bachelor und den Master machen. Der Schwerpunkt soll für ihn dabei auf Aussen-Architektur liegen.
„Und für wann siehst du den Zeitpunkt, Geld zu verdienen?"
„Mit 25, denke ich". Er fügt hinzu: „Vielleicht klappt es ja auch schon zwischendurch."
„Wie schaffst du das alles, ich meine, ziemlich viel an Wissen aufzunehmen?" „Na, für die Prüfungen muss ich ja viel bauen."

Jan sieht es als Vorteil im Lernen wenn in dem ganzen Theoriekram schon die Praxis des Konstruierens und Bauens integriert ist. Das muss man akzeptieren. Ich kann's mir jedenfalls vorstellen.

Das Bauen ist ihm zwar nicht in die Wiege

gelegt worden aber schon als Kleinkind baute er Strassen und Gebäude, mit Holzklötzchen. Ob er sich direkt daran erinnert ist so klar nicht; es wurde vielmehr in der Familie darüber gesprochen. Eins wurde sogar Anekdote. So hatte es keinen verwundert, als er denn zu der Erkenntnis kam „Ich will Bauer werden".

Klar, dass alle darunter richtigerweise Architekt und Ingenieur verstanden.

Insgesamt gesehen glaubt er an seinen Instinkt das Notwendige richtig zu machen. „Es muss ja gemacht werden."

'Und dann mach ich's', könnte man in seinem Sinne folgern. Ich tu's.

Impulse für Jans Weg könnte es durchaus gegeben haben. Er ist da mit Informationen recht spärlich. Seine Mathelehrerin kam nach einem Elterngespräch lachend zu dem Schluss

'Ich bringe dich schon zum Abi'. Daran erinnert – platzt Jan heraus: „Das wusst' ich vorher schon dass ich das Abi mache."

Als er sich orientierte in den Leistungskurs 'Kunst' einzusteigen, musste er hören 'Da sind

nur Mädchen drin' und 'ob er da wohl reinpasse'.
Die Antwort konnten letzten Sommer alle in der Aula bei der Zeugnisübergabe sehen und hören. Die Zeugnisausteilerin bat übers Mikrofon 'Jan und seine 15 Engel' auf die Bühne.
Wie's jetzt weitergeht? Da gibt's ein Sprichwort 'Jeder ist seines Glückes Schmied'. Ein Chance sich nicht zu verschwenden hat Jan auf jeden Fall.

Ich sage zu den beiden um die 20:

Tänzel nicht! Fass eine Entscheidung!

- Tu was du wirklich willst.
 oder
- Da musst du durch.

- um die 30 – Anna
Anna traf ich im Zug.
Sie war auf dem Weg nach Kopenhagen. Bis Hamburg hatten wir dieselbe Strecke. Sie setzte sich mir gegenüber ans Fenster. Lächelnd fragte sie mich: „Der Platz ist doch frei?" „Steht oben", meinte ich nur, stand dann aber doch auf um zu gucken. Da war sie schon vor mir hoch. Wie gross sie war! Wenn ich nicht leicht gebückt gestanden hätte, wär's nicht so krass gewesen.
So oft kommt es bei einer Bahnfahrt nicht vor, aber wir beide hatten sofort was zu sprechen. So erfuhr ich bald dass sie Anna hiess und aus Münster kam.
Als ausgebildete Grundschullehrerin hatte sie nur in den grossen Ferien Zeit um endlich die angestrebte Sprachprüfung in Dänisch machen zu können. Ich stutzte, denn wer lernt schon dänisch, als Deutscher.
„Du bist Dänin!" sagte ich dann ziemlich spontan. Ihr 'Danke', gehaucht und gelächelt, war eigentlich keine Überraschung mehr.
Sie berichtete von Dänemark. Ein Teil ihrer Vorfahren waren Dänen. „Vielleicht sogar Wikinger", meinte sie lachend. Ihre dänische

Grossmutter lebte nur wenige Kilometer von Kopenhagen entfernt. Schon oft waren sie beide Arm in Arm durch Kopenhagen geschlendert, zuweilen sehr verhalten damit Oma keine Luftprobleme bekam. Die enge Verbindung zwischen der alten und der jungen Frau war spürbar.

„Ja, es sieht so aus, dass ich künftig in Dänemark lebe. Und dort studiere ich dann auch."

Dänemark war ja schön und gut. Aber sie hatte doch ausstudiert, war schon Jahre in ihrem Beruf als Lehrerin tätig.

Aber Anna, das hast du doch alles hinter dir, das Studium. Eh, du bist Lehrerin."

Sie kam aus ihrem Sessel hoch nach vorn, sprach emphatisch wie im Stakkato:

„Ja, Beamtin auf Lebenszeit. Alles ist geregelt. Aber ich bin erst 32."

Ich schaute sie an, sagte nichts. Dann begann sie.

„Schon immer wollte ich Medizin studieren. Doch." Sie machte eine Pause. „Jetzt mach ichs."

„In Kopenhagen oder wieder in Münster?"

fragte ich noch immer irritiert. „Kannste dir das nicht denken? Ich ziehe nach Dänemark, in das Land meiner Grossmutter. Deshalb ja auch mein Sommersprachkurs. Und – meine Oma ist Ärztin, auch jetzt im Alter noch". Anna grinst mich an. Jetzt war es auch mir klar. So viele Plusse für Medizin und Dänemark - und dann noch die Oma – waren ein eindeutiges Zeichen. Wer da nicht beginnt sich umzu-krempeln, ist selbst schuld.

Anna hatte die Stelle erreicht, wo man 'Stop!' sagt und beginnt sich auf einen neuen Fokus auszurichten. Alles was jetzt noch zum bisherigen Fahrwasser gehört war für sie Verschwendung.

„Ich weiss doch wofür ich lebe – jetzt."

- um die 30 – Thomas

„Wie ich das alles hasse!" Thomas sprang vom Tisch auf. Bücher purzelten über die Kante. Das war eine seiner üblichen Reaktionen, nicht täglich, aber stets wenn eine Zwischenprüfung bevorstand. Das zweite juristische Examen hatte er immer noch nicht in der Tasche. Nach dem ersten Examen hatte er erst einmal Geld verdient. Fünf Jahre war er juristischer Mitarbeiter einer Versicherungsgesellschaft. Marga, seine Frau hatte in der Zeit ein weiteres Kind zur Welt gebracht. Das erste war noch während ihrer beider Studienzeit gekommen. Zeitgleich hatte sie das zweite Staatsexamen als Juristin gemacht. Thomas fühlte sich mit den Dreien zwar familiär wohl, andererseits war er auch immer wieder unzufrieden mit seiner Situation. Das nagte.

Beim Pauken von Rechtsfragen und Rechtsvorschriften kam ihm die Idee für die Doktorarbeit. Dissertationen waren schon mit dem ersten Staatsexamen möglich. Dieses Büffeln eines weiten juristischen Feldes auf das zweite Staatsexamen hin konnte er dann aufgeben. Die fachliche Vielfalt dort konnte er mit einer Dissertation auf ein konkretes Sachgebiet hin fokussieren.

Seine Gedanken flogen weiter. Da er dann ja viel zu Haus war konnte er Marga mehr als jetzt entlasten und alles was den Haushalt betraf übernehmen.

„Du willst unser Hausmann sein?"

Marga war verblüfft über diese Neuigkeit. „Der Verdienst käme dann nur von mir?"

fragte sie vorsichtig. „Ja," meinte Thomas trocken. „Ich nehme dir alles, na, fast alles, mit Haushalt und Kindern ab."

Marga wusste nicht so recht. So sicher war das bei ihr mit dem Verdienst nicht. Auch nicht was die Höhe anging. Aber sie wusste dass Thomas viel mehr drauf hatte als sie was das Orga-nisieren anging. Und sie hätte dann mehr zeitlichen Spielraum für ihre Karriere. Das auch!

Andererseits zur Dissertation gehörte natürlich die Prüfung.

„Du meinst, Thomas, die Prüfung zum Doktor packst du?" „Ich denke schon. Die ist ja aus meinem Fachgebiet, ich meine dem Thema der Arbeit. Da geht's nicht um das grosse Ganze. Sollte klappen."

Gewisse Voraussetzungen hatte er. Kleine Kom-mentare und Artikel hatte er schon mal zustande gebracht, mit Veröffentlichung in juristischen Blättern. „Wenn ich den Doktor habe, mache ich mich mit dem Schreiben als Rechtsexperte selbständig." Ein Lieblingsgebiet, das Erbrecht, hatte er schon. Da würde auch sein Internet-Blog hineinpassen.

„Das ist die Lösung für mich," sagte er sich. „Und für die ganze Familie". Marga widersprach nicht. Schon längst hatte sie abgewogen. Zur Hilfe waren ihr zwei Angebote gekommen, eins als Jung-Anwältin in einer Berliner Kanzlei und dann eins als Mit-Geschäftsführerin des Mediatorenverbandes in Hamburg. Gerade das Hamburg-Angebot reizte sie. Und dass sie es annehmen konnte verdankte sie ihrem Ehemann.
Es passte alles.
Thomas verschwendete keinen Tag mehr.
Er starte auf einem bekannten Weg neu.

Ich sage zu den beiden um die 30:

Tänzel nicht! Fass eine Entscheidung!

- Verändere radikal.
  oder
- Bewahre, behüte.

- um die 40 – Miriam
Miriam, gerade 40 geworden, hatte sich Mitte des Juli-Monats - aus der einstündigen Pause wieder am Arbeitsplatz zurück - gefragt, was denn nur für sie so attraktiv war hier im Büro zu arbeiten, in der Rechnungs- und Mahn-Abteilung.
'Verschwenden', dieses Wort kam ihr das erste Mal in den Sinn.
„Ich verschwende mich", sprach sie leise vor sich hin.
In Gedanken sah sie sich am Strand in der Sonne räkeln. Der Sommer war nach langen kühleren Tagen hereingebrochen. So empfand sie und merkte gleichzeitig wie weit weg sie von ihm war, hier im Büro und mitten am Tag.

Doch ihre Gedanken gingen nicht Galopp. Ihre Arbeit im Büro war ja Voraussetzung für solch ein Sonnenbaden am Strand. Na, für ihren gesamten Lebensunterhalt, seit Alexander sich davon gemacht hatte. Ohne weiter über ihn nachzudenken 'Der kann mich mal', liess sie ihre Situation im Büro nicht los.
Ihr schwebte eine irgendwie andere Aufteilung ihrer Arbeit im Büro und privat vor.

Miriam war an einem Scheitelpunkt angekommen. Wer dahin gelangt ist und sich dessen bewusst ist, steht schon an der Wende.

Erkannt hatte sie das an einem Wochenende für das sie sich nichts ausser Nachdenken vorgenommen hatte. Völlig unnormal für sie hatte auch niemand angerufen. Ohne Störung von aussen spielten ihre Gedanken mit Bildern voller Möglichkeiten.

Bilder hatte sie nun. Aber wie sollte sie darin einen Nutzen für sich erkennen?

Über eine Freundin hatte sie Kontakt zu einem Age Manager aufgenommen. Den Namen hatte sie vorher noch nie gehört. Inzwischen wusste sie dass Age Manager in persönlichen

Umbruchsituationen zur Seite stehen und dabei gerade ihre längere Lebenserfahrung als Kompetenz einbringen.

Age Manager:

„Wie lang ist es her, das mit dem Wochenende?"

Miriam:

„Höchstens vier Wochen; ich musste sie, ich meine: dich, ja noch ausfindig machen."

Age Manager:
„Bist du einverstanden, wenn ich dich frage, was in den vier Wochen anders geworden ist?"
Miriam:
„Klar, deshalb bin ich hier."
Age Manager:
„Mich interessiert wo du dich in dieser Zeit mit Veränderungen in deinem Lebens-Ablauf befas-sen musstest. Ich denke da an deine berufliche Tätigkeit, deine feste Beziehung und wie du dich gesellschaftlich akzeptiert fühlst.
Dann geht's noch um dein ICH, dazu gehören auch 'sich Gutes tun' oder Hobbys ausüben.
Miriam:
„Es geht um's Ganze, ja?
Age Manager:
„Ja.

Danach versuchen wir eine Einordnung zu dem Geschehenen zu erreichen. Wir erfassen den Status deiner Lebensziele. Das machen wir dann jedesmal wenn wir zusammen-kommen. Als Grundlage haben wir dann eine Liste, eine Matrix, mit der wir arbeiten."

Miriam *(schaut auf die Matrix)*:
„Und diese Zahlen da, von 1 bis 10? Und dann gleich zweimal?"
Age Manager:
„Die sind kennzeichnend dafür welches Bild du dir von dir machst, wie du dich eben einschätzst."
Miriam:
„Ein Selbstbild also."
Age Manager:
„Richtig, so heisst es.
Zunächst machst du dir ein Bild wie du es aktuell von dir siehst. Und dann noch eins wie es deiner Meinung nach sein sollte.
Finde dabei eine Bewertung zwischen dem Minimum 1 und dem Maximum 10."
Miriam:
„Äh, verstehe ich das richtig? Ich soll meine Arbeit, meine Beziehung und das alles einschätzen?"
Age Manager:
„Nein, nicht so.
Du bewertest in dieser Matrix wie stark oder wie schwach die Veränderungen sich ausgeprägt haben."

Miriam:
„Mhm. Das mach ich ja nicht allein?"
Age Manager:
„Könntest du natürlich. Doch – zusammen geht's vielleicht leichter."

Miriam hat begonnen ihre Vierziger in den Griff zu bekommen.
Alles ist möglich!

- um die 40 – Franziska
Auf der Terrasse sitzend sah Franziska der Spinne zu wie sie sich zwischen den Blumenranken ein Netz strickte. „So richte ich es mir ja auch ein," dachte sie. In meiner Familie bin ich immer am Stricken und Spinnen. Am Löten und am Kleben," fiel ihr noch ein. Seit ihrer Kindheit fühlte sie sich handwerklich geprägt. Ihr Grossvater war Tischler gewesen. Seine Werkstatt war ihr wahres Zuhause. Dass sie wie ein anderer Werkstattbegeisterter, der Pumuckl, rote Haare hatte, war eher Zufall.

Bald ein halbes Jahr war ihr 40. Geburtstag her. Noch war nichts in ihrer neuen Dekade passiert. Auch ihr astrologisches Verständnis hatte nichts von Bedeutung am Himmel erscheinen lassen. Ihre Ehe mit Martin ging ins 16. Jahr, der Sohn studierte schon. Um die zwölfjährige Tochter kümmerte sie sich, vornehmlich was deren Ernährung anging. Den offensichtlich für sie schwierigeren Teil, was alles Schulische angeht, hatte sie zu ihrem Ehemann hinübergeschoben. Was Martin neben seinem Full-Time-Job im Konzern auch gelang.

Vom Einkommen reichte es wenn sie zu seinem Verdienst noch ein paar Aushilfsstunden in einer Kanzlei machte, ein Nebenjob zur Frau im Haus. Da gab's auch noch die Töpferkurse und Gymnastiktreffen mit anderen Hausfrauen.

Alles liebte Franziska: Mann, Kinder und Hobbys.

Doch - sie spürte: da war noch etwas frei in ihr. Nicht nur an einer Stelle, nein, überall in ihr. Sie dachte dabei an ihren Körper und war doch mitten in ihrer Seele.

Vom Kern der Seele hatte sie zwar noch nie jemanden sprechen hören. Es musste so etwas sein wie das Atom, das Unteilbare, hinter dem man im Laufe der Zeit längst weiteres entdeckt hat.

Franziska berichtete mir wie sie aus der geliebten sicheren Position als Mittelpunkt der Familie ausgestiegen ist.
Ist nicht ganz richtig. Sie hat sich langsam aber stetig davon fortbewegt.
Ganz der Opa fing sie mit 40 eine Lehrausbildung zur Tischlerin an. Ihr Mann unterstützte sie dabei, organisatorisch und finanziell. Nach der Gesellenprüfung war ihre Überlegung einen Meisterlehrgang anzuschliessen nur kurz. Wieder mit ihres Mannes Unter-stützung machte sie sich mit einer kleinen Werkstatt selbständig. Nach der Einrichtung mit den benötigten Maschinen stellte sie Einzelmöbel für den täglichen Gebrauch her. Die Einmalfertigung erlaubte die Innung bei fehlendem Meisterbrief. Sie war jetzt Kunsthandwerkerin. Mit Vollholz arbeitend erkannte sie den Markt für Bio-Möbel. Konsequent eröffnete sie ein Ladengeschäft für Wohnbiologie. Zehn Jahre betrieb sie es.

In diese Zeit fiel die Trennung von Martin.

Gerade hatte er sich auf ihre Bitte hin in ihr Geschäft gemischt. Für ihren ersten Messeauftritt hatte er mit ihren Lieferanten Sonderkonditionen ausgehandelt. Sie hatte ihn herzlich geküsst dafür, nach jedem der so günstigen neuen Lieferverträge.

Das Problem trat nach der Messezeit auf. Bei den folgenden Lieferantenbesuchen wollten die Vertreter stets auch mit Martin sprechen, in der irrigen Annahme, er sei der wahre Chef. Dass sie nicht wirklich in ihrem ureigenen Metier gefragt war, merkte Franziska mit wachsendem Groll.

Sie hatte sich entschieden.

Es war am Abend nach Geschäftsschluss als Martin sie abholte.

Zwei Wochen waren es noch bis Weihnachten.

Ihre Stimme zitterte ein wenig:

„Ich liebe dich zwar. Aber ich möchte nicht mehr mit dir leben."

Ja, das war 'ne Ansage.

Ihr ging es schlecht dabei. Und ihm erst!

Um sich nicht noch einmal zu einer Wiedervereinigung fortreissen zu lassen, hatte sie für

sich entschieden die rührenden Momente zu Weihnachten und Silvester aussen vor zu lassen und ihm jetzt vor den Festtagen das mitzuteilen.
Härter ging's nicht!
Da musste sie durch. Er sowieso. Und die Kinder natürlich auch.

Die Entscheidung, ihr Leben selbst zu führen und sich in ihrem künftigen Leben nicht an Martin zu verschwenden, war brutal aber äusserst folgerichtig.
Aber es bleibt ein Moment, dass man als Aussenstehender Konsequenzen als solche formal zutreffend findet aber dennoch nicht wirklich bejahen kann.

Ich sage zu den beiden um die 40:

Tänzel nicht! Fass eine Entscheidung!

- Nimm die Störung lächelnd auf.
  oder
- Räum weg was dich stört.

- um die 50 – Charlotte
Charlotte schrieb per Mail:
„Weisst du, Karl, wenn mir jemand vor drei Jahren gesagt hätte, ich würde mit Mitte 50 in der Hauptstadt von Kirgisistan ein Jugendzentrum aufbauen, na, ich hätte über solch einen Blödsinn nur den Kopf geschüttelt. Das Gespräch wäre beendet gewesen.
Doch was ist passiert?
Im September habe ich noch ein Training on the job und ab Oktober geht's los, in Kirgisistan."
Charlottes Mitteilung las ich und schaute erst einmal wo in der Welt Kirgisistan liegt und wie dessen Hauptstadt heisst. Gut, Charlotte spricht Russisch. Sie hatte mir auch mal erzählt dass sie sich bei Deutschen Entwicklungsgesellschaft beworben hatte.
Den Job in Kirgisistan hat sie tatsächlich mit über 50 errungen. Muss man so sagen; ihre Bewerbungsbemühungen waren intensiv und zahlreich.
Notwendig war es gewesen, weil sie freigesetzt worden war, da in dem Berliner Förderprojekt für schwierige Jugendliche die Finanzmittel ausgelaufen waren. Da konnte

auch eine Soziologin wie sie nicht mehr bezahlt werden.
Ich rief sie danach an, wollte mehr wissen.
„Ich war in Not, Karl. 'Wer nimmt denn wen über 50?' war meine Sorge. Auch kam ich nicht zu Potte mit dem Mann mit dem ich so gern zusammengelebt hätte. Du hast ihn ja kennengelernt. Na, was soll's!"

„Was, Charlotte, war das Momentum das dir das Licht am Horizont brachte?" Charlottes Grinsen war durchs Telefon zu spüren:
„Klingt komisch, aber es war die dritte Sorge, die bei mir noch obenauf kam. Sie berichtete:
„Für die Wohnungen in unserem 5-Stockwerke-Altbau ist jetzt nach 20 Jahren der Billigmietzeitraum beendet. Du warst ja schon da, ohne Aufzug bis in den fünften Stock ist kein Zuckerschlecken. Aber wenn die Miete günstig ist .." Nun war im Rahmen einer Gesamtrenovierung ein Aufzug am Haus geplant. Dass das Auswirkungen auf den neuen Mietsatz haben würde war bereits angekündigt."
Sie machte eine Pause.

„Ich suchte nach einer Lösung für meine drei Sorgen."
„Den gordischen Knoten durchschlagen!"
„Genau. Ich schlug ihn durch - Alexander seis gedankt. Die dritte Sorge führte dazu dass ich mein Leben in Berlin gänzlich infrage stellte."

„So kamst du also zu einem Engagement weit weg, in einem Entwicklungsland?"
„Ja, und jetzt wollen die dass ich das erste Jugendzentrum in Bischkek aufziehe.
Ich glaub's immer noch nicht."

- um die 50 – Jörg
„Bald ist mein Fünfzigster. Dann leg ich meine Armbanduhr ab".
Jörg sinniert weiter, versucht sich als Philosoph.
„Was ist schon Zeit? Leben ist wichtig. Da sein. Sich spüren." „Konntest du das bisher nicht?" fragt Sieglinde, seine Freundin und Geschäfts-partnerin – in dieser Reihenfolge.
„Ich bin noch nicht bei mir angekommen. Ich weiss es, ich fühle es." Jörg ist sich da ganz sicher. Für ihn hat das nichts damit zu tun dass er jetzt ein leidender Mann ist, weil ge-

schieden. Und das nach einem Vierteljahrhundert Ehe aus der er nicht herauswollte.
Sieglinde sieht Jörg durchaus kritisch, mit positivem Einschlag. Als Mit-Geschäftsführerin als auch als Bürgermeisterin einer kleinen Kommune in Sachsen spürt sie in ihren
Aktivitäten seine helfende Hand. Soviel Erfahrung hat sie mit Mitte Dreissig und Ossi ja auch noch nicht. Dabei greift er in ihre operationalen Businessbereiche nur ein, wenn sie es wünscht. Seine latente Bereitschaft will sie nicht missen; das spürt Jörg.

„Du bist doch ein Multifunktionstyp, der Total-Manager," sagt Sieglinde gern und lachend.
Jörg grinst dann stets. Er weiss seit langem, dass er auch für ganz andere Welten offen ist. Das gilt für ihn für Arbeit als auch für Beziehungen.
Lange zuvor hat er die Voraussetzungen dafür geschaffen.
So hatte er zum Beispiel von Ehefrau und

Arbeitgeber die Erlaubnis erhalten noch etwas nebenher zu tun, was echtes.
Für Jörg war das zu studieren. Dies mit dem Privatleben und gewohntem Arbeitsleben ins Lot zu bringen ging nur als Multifunktionstyp – sieben Tage stetige Arbeit, Privat und Studium. Zu allem hatte er Spass es zu tun. Sonst wär's nicht gegangen.

Und wenn wer ihn fragte was er damit erreichen wolle, meinte er : „Och, in der Firma befasse ich mich mit 'Wie mache ich etwas besser?' und beim Studium gehe ich der Frage nach ' Warum das alles?'.
Jörg machte nach fünf Jahren dauernder Arbeitszeit in der Firma, der Universität und natürlich das eine oder das andere in Haus und Garten seinen Rucksack der 'Wie- und Warum-Themen' zu. Mit dieser Kompetenz machte er sich selbständig. Unternehmensführung und Marketing als auch Theologie und Philosophie hatte er in seinem Rucksack.

Durch dieses Wissen um Paarung des Wie und Warum fühlte Jörg sich prädisponiert sich das am eigenen Leibe spüren zu lassen, also

an sich selbst auszuprobieren.
Auf die 50 zugehend und total im Stress mit ehelicher Beziehung und Firmenaktivitäten, kaum noch Zeit das verdiente Geld auszugeben, nun, da war es soweit. Doch es musste erst ein Firmen-Crash herhalten dass Jörg zum Aussteiger wurde.
Die Uhr hatte er wie in seinen Endvierzigern geplant an seinem Fünfzigsten abgelegt. Eine neue Heirat stand an. Etwa ein Jahr nach der Eheschliessung sagte ihm Kerstin, seine Frau:
„Ich schenke dir ein Kind. Aber du musst es aufziehen."

So kam es. Sechs Wochen nach der Geburt war Kerstin wieder in ihrer Modebranche tätig. Jörg war für den kleinen Heinrich die erste Bezugsperson. Und von da an machte er die Dinge, die wesentlichen, der Reihe nach. Das war eigentlich keine Entscheidung. Ein Beispiel macht das deutlich:
> Das Telefon im Arbeitszimmer klingelte zur Mittagszeit. „Bea, geh du mal dran. Sag dem Anrufer er möge in zwei Stunden doch noch einmal anrufen. Im Moment geht es nicht."
Und Bea, Kerstins siebenjährige Tochter aus

erster Ehe, reagierte: „Sie können Herrn Schumann jetzt nicht sprechen. Er gibt gerade meinem Bruder die Flasche."
Drei Stunden später rief der Geschäftspartner wieder an. Er sprach voller Ehrfurcht: „Das was Sie da machen, donnerwetter, ich wollt ich könnt's auch."

Wie gesagt, der Reihe nach. Da bekommt ein jedes Ding die Wichtigkeit die ihm gebührt. Was es auch sei. Auch das Nichtstun übrigens. Halbe Sachen werden nicht in Angriff genommen. Das wäre Verschwendung.

Ich sage zu den beiden um die 50:

Tänzel nicht! Fass eine Entscheidung!

- Bleib am Ball.
  oder
- Lass los.

- um die 60 – Werner

'Noch einmal davon gekommen', so fühlte sich Werner. Er war mit seiner Freundin Gerlinde von einer Wellness-Fahrt am Wochenende zurück.
„Du kannst mich hier absetzen", hatte er am Stadtrand angekommen gemeint. „Soll ich dich nicht nach Hause fahren?" „Ist nicht nötig, ich hab' ja nur die Tasche".
Als Werner aus dem Wagen heraus war, schaute eine Frau vor'm Überqueren der Strasse am Strassenrand ihn gross an.
Sein Seufzer hatte tief ausholend geklungen.

Ach, was konnte Gerlinde doch schnurrend nett sein. Beim Akt auf jeden Fall. Aber dann wieder, da konnte ihr Gesicht drohende Züge annehmen und ihre Worte ätzend wirken. So war es auch am Sonntag gewesen. Sie liess sich immer wieder hinreissen, meist als Folge einer seiner sehr locker hingeworfenen Ansichten.
In der ersten Zeit hatte er auf ihr frustiges Verhalten ebenfalls locker reagiert, es seien Ansichten eines Clowns. Darüber konnte sie

nicht lachen. Vielleicht gab ihr Böll auch nichts. Stets war dann der Tag oder die Nacht gelaufen.
Doch danach, da vergass sie alles wieder. Manchmal dauerte es, schon mal bis zu einem Vierteljahr. Sie rief dann an und schlug ein neues Treffen vor. Lachen musste er dann, wenn sie nachschob: Kann ich auch bis zum Frühstück bleiben?" Bisher hatte sich Werner nicht geziert und stets 'ja' gesagt.
Was den letzten Ausflug angeht, so hatte er noch kürzlich erklärt, er würde gern mit ihr auf Ausflugsfahrt gehen, doch nur in heimatlicher Nähe. Weiter weg und damit irgendwie von ihr oder der Situation abhängig, das wolle er sich künftig ersparen. Er hatte ihr das so deutlich gesagt und gedacht, das sei nun geklärt. Sie waren nicht ganz in der Nähe geblieben. Knapp drei Stunden waren es mit dem Auto, mit ihrem, schon gewesen. Er liebte diese Gegend. Die Strassen waren kurvenreich; es ging hoch und runter.

Werner hatte es zuerst gar nicht mitbekommen wie Gerlinde immer eisiger wurde.

Bei der sonntäglichen Rundfahrt sagte sie dann unvermittelt: „Wir müssen jetzt direkt nach Haus. Mir ist eingefallen: ich habe noch am Nachmittag einen Termin."
Werner nickte nur ohne sie anzusehen. Er hatte sich abgewöhnt, ihre plötzlichen Entschlüsse zu hinterfragen. War für ihn wirklich nicht interessant.
Worte wurden von den beiden auf der Heimfahrt nicht mehr gewechselt.
Er war versucht anzuhalten, auszusteigen und irgendwie per Anhalter und Bahn nach Haus zu kommen. Aber es waren halt noch zwei Stunden Autofahrt dahin. Auch wäre das ein Disput geworden, so gern setzte sich Gerlinde nicht ans Steuer. Erst bei der nächsten Pinkelpause gab er ihr zu verstehen dass sie nun selbst fahren müsse. Was sie dann mit einem weiteren eisigen Blick auch tat. Dann am Stadtrand sollte aber die Fahrt für ihn zu Ende sein. Was sie ja auch war!

In der folgenden Zeit gab es nur einen belanglosen Mailkontakt. Jetzt, Wochen später,
hätte Werner durchaus Lust auf sie. Ihre Antennen sind aber scheinbar noch nicht

wieder auf ihn ausgerichtet. Anrufen tut er nicht. Eher wartet er ab.
Werner schiebt eine Entscheidung vor sich her.
Die Situation ist verführerisch. Wenn Gerlinde denn mal bei Werner ist, geht alles einfach und locker. Das betrifft alles und fängt damit an ob man ins Restaurant geht oder selbst was brutschelt (macht Werner meist). Was am Abend noch anstehen kann muss nicht diskutiert werden. Zum Fernsehfilm wird sich im Bett zusammengekuschelt (ohne was an) – nach vorheriger Reinigungsdusche, versteht sich. Genussbegleitend steht Weisswein bereit (bringt Gerlinde meist mit).
Noch vor Filmende stösst Werner sie an und Gerlinde bewegt sich.
Später beide.
Während Werner danach noch ein wenig fernsieht, schläft Gerlinde bereits. Zum Frühstück serviert dann Werner. Und im grossen Bett mit Rückenwänden gegenübersitzend wird gegessen und geplaudert. Dabei spürt jeder die Zehen des anderen bei sich.

Ein Obendraufgenuss zum Frühstück!

Und jetzt die Frage zu stellen, warum sich Werner immer noch nicht von Gerlinde löst, wo er nicht wirklich etwas von ihr will, er sich vielleicht verschwendet, ja, dies verbleibt als Frage.

Denn sich verschwenden kann hin und wieder Genuss pur bringen, wenn – wie Werner und Gerlinde – beide was davon haben.

- um die 60 – Verena
Verena ist 64, seit einem Jahr mit 850 Euro in vorgezogener Rente. Zwei Jahre zuvor war ihr Mann gestorben. Zwei Kinder hat sie. Ihr Stolz sind die vier Enkel. Die zehnjährige Immi spürt sie gern an ihrer Brust zum Kuscheln. Gut, die andern auch.
Was sie beruflich gemacht hat?
„In der Fabrik gearbeitet", sagt sie. Beeindruckend wie authentisch sie ihre frühere Firma beschreibt. Man konnte spüren dass sie mit ihrer Arbeit verbunden war. Dass sie ihr Leben lang körperlich gearbeitet hat sieht man ihr nicht an. Falten sind Mangelware. Stets hat sie ein Lächeln im Gesicht.
Scheint ihre Fröhlichkeit angeboren? Irgend-

wie ist sie immer wem zugewandt, in Bewegung.

Die Schifffahrt in den Meeresarmen im Nordosten der Insel Rügen - dort heissen jene 'Bodden' - hatte etwas bei ihr ausgelöst. Die Bewegung war einem Kribbeln gewichen.

Was war geschehen?

Mit ihrem Gegenüber auf der Bank war sie ins Gespräch gekommen. Ihn schien es zu interessieren was sie ihm berichtete und wie sie es tat. Gern antwortete sie ihrem Gegenüber was der Rest der Familie so machte. Zwei ihrer Enkel waren mit und hörten aufmerksam zu.

Der Gegenüber schaute sie an. Seine Worte bringen sie zum Erröten: „Du siehst toll aus". Sie nennt ihr Alter. Beide strahlen. Dass er sie sogleich duzt, darüber denkt sie nicht nach.

„Was wird das, Oma?" fragt Immi, die Zehnjährige, eigentlich ohne Vorwurf – nur neugierig. Ihr sechsjähriger Bruder Ralf ruft dazwischen: „Siehste doch, die wollen heiraten".

Von hinten mischt sich eine Mitfahrerin ein: "Hier gibt's doch einen Kapitän, der kann sie auf dem Schiff trauen." Verena kriegt ihre

Röte nicht mehr aus dem Gesicht, ihr Lächeln auch nicht. Das Schiff legt an. Knapp drei Stunden Fahrt sind um.
Alle stehen auf.
Die Enkelin Immi ist ganz aufgeregt: „Ihr müsst noch die Telefonnummern austauschen, dabei greift sie in Omas Tasche. Die Nummer zeigt sie dann dem Mann gegenüber, damit der sie übernehmen kann.
Ein Testanruf. Klappt!
Zum Gehen bereit meldet sich der Sechsjährige noch mal. Seiner Oma zugewandt fragt der – ganz ernst: „Und ihr wollt euch jetzt glücklich machen?"

Wie wird sich Verena entscheiden?
Bleibt sie weiterhin die allzeit bereite Oma oder zieht es sie zu einem neuen partnerschaftlichen Leben hin?

Und hier ungeschminckt auszugsweise der Mail-Verkehr zwischen Verena und X,
dem Mann vom Schiff, fokussiert auf die ersten beiden Monate danach:
Verena:
Hallo X, du bekommst heute meine erste E-

Mail gesendet. Ich habe meinen Computer mehr zum Spielen und für Dinge die mich interessieren und die ich im Netz suche z. B. Reiseberichte über ferne Länder, Buchvorstellungen usw. "Jetten" oder wie auch immer man das schreibt, mache ich nicht.

Hallo X, du bist weltoffen und hast viele Bekannte und Freunde. Erlebst eine Menge Interessantes und kannst mir berichten. Das ist bei mir nun mal nicht so. Ich bin in dem kleinen G... zu Hause wo nicht viel passiert. Kulturell nicht und auch sonst ist nicht viel los. Du würdest hier zu Grunde gehen. Vielleicht sehen wir uns mal wieder. Aber im Moment bin ich mal wieder in kleinkarierter Ver-fassung. Sei herzlichst gegrüßt von Verena.

X, der Mann vom Schiff:

Wir waren sehr kommunikativ auf dem Schiff miteinander. Das war so offen und klar, dass die Kinder keine Zweifel hegten, dass was zwischen uns werden kann.

Nix Vergangenheit, nix Zukunft – nur heute ohne Vorbehalte.

Klar – ist mir bewusst – dir auch, dass wir ganz unterschiedliche Entwicklungen in

Beziehung und Beruf hinter uns haben. Aber ich sagte dir schon: Die Erinnerungen von gestern zwingen zu nichts. Keine Geschichte macht dich alt.

Mehr über uns und was zwischen uns geht/gehen kann, wenn du eine Woche oder so bei mir im Gästeraum zu Gast bist. Ich lad dich ein.

Passt es für eine Zeit im Zeitraum zwischen So 4. und Sa 17. September? Oder im Zeitraum Fr 23. Sept bis So 9. Oktober?

Na?

Verena:

Hallo X, habe heute leider keinen freien Kopf. Muß mir morgen in aller Ruhe deine Mail durchlesen.

Hallo X, wie heute früh schon angekündigt nun meine Antwort auf deine Einladung: Ganz klar nein. Ich komme dich nicht besuchen. Das kann ich nicht. Dazu kennen wir uns zu kurz.

Ich bin eigentlich scheu. Kann ganz schnell zu jemand der mir sympathisch ist, so wie du, Kontakt aufnehmen und lange Gespräche führen. Das tut mir auch gut.

Aber die Nähe zu dir bei einem Besuch in

deinem Zuhause kann ich nicht ertragen. Versteh das bitte nicht falsch.

Ich habe keine Angst daß du mir etwas Unrechtes antust. Die körperliche Nähe ohne daß eine dritte Person dabei ist, ist für mich beklemmend. Ich bin ein gebranntes Kind und mehr dazu nicht.

Dazu kann ich keine weiteren Ausführungen machen und möchte es auch nicht. Ich hoffe dich nicht vor den Kopf gestoßen zu haben und schätze dich so ein daß wir auch weiter Kontakt haben werden.

Hallo X, du hast wirklich ein beneidenswertes Leben. Interessant und abwechslungsreich. So viele Leute um dich herum. Damit muß man umgehen können. Ich glaube das könnte ich nicht. Aber da kommt keine Langeweile auf. Du lernst die Welt zu Hause kennen.

Für so eine offenes Leben bin ich nicht geeignet weil man aus dem kleinen Umfeld nicht rausgekommen ist und das so nie kennengelernt hat.

Bei mir ist alles überschaubar. Jeder Tag fast gleich.

"Träume nicht dein Leben - lebe deinen Traum"! Das kann ich nicht.

Aber du kannst es. Das lese ich aus deinen Zeilen.

Fragmente aus der WhatsApp-Kommunikation – und zwar 'was Verena schreibt':

\>\>

Bei dir? Das wird schon noch passieren.
IRGENDWANN.
Vielleicht schneller als dir lieb ist.

\>\>

Was soll ich dazu antworten? Es ist schade für mich so zu sein wie ich bin und eigentlich habe ich keinen Grund.

\>\>

Ich muss den Absprung finden und über meinen Schatten springen und Schuldgefühle überwinden, die ich nicht haben muß.
Dazu brauche wahrscheinlich Hilfe.

\>\>

Nur mit dir kann ich so kommunizieren weil wir so weit entfernt sind.
Oder was auch immer der Grund ist.

\>\>

Du hast recht. Ich bin ein Feigling.
Ich wär so gern anders.

<<
Wie jede und jeder sehen kann, ist der Prozess für Verena im Gang.
Aus dem Status kann jederzeit Dynamik werden.

Ich sage zu den beiden um die 60:

Tänzel nicht! Fass eine Entscheidung!

- Sei sensibel und wäg ab.
 oder
- Halte deine Linie bei.

- um die 70 – Gabriele
„Ihr wisst es alle," Gabrieles Enkelin, Dörthe, die älteste, hielt mit ihrer Laudatio kurz inne. „Seit bald zehn Jahren haben wir eine andere Oma, nicht Oma?" Gabriele schwieg. Mehr als alle Versammelten wusste sie, dass mit 71 ihr Leben neu begonnen hatte. So richtig von Anfang an. Solches hatte sie sich nicht

erträumt. Sie hatte einfach radikal zugegriffen als sich ihr Leben ganz plötzlich radikal verändert hatte.

Ihre Lieben waren zum Achtzigsten alle bei ihr. Nein, sie waren zum Festessen ins Restaurant drei Häuser nebenan erschienen. Da hatte sie nicht nur einmal respektvoll zu hören bekommen 'Was aus dir noch geworden ist!' und 'Wenn das Friedhelm noch hätte erleben können!'
Gabriele hatte jeweils zurückhaltend mit 'Ja' geantwortet. Doch als das Thema zum x-ten Mal
kam, reagierte sie barsch: „Lasst mir den Friedhelm aus dem Spiel. Er ist seit neun Jahren tot. Und damit hat's sich."

Keiner erwähnte mehr ihren verstorbenen Ehemann. Gabrieles Ausspruch – einige Monate nach Friedhelms Tod – war nicht vergessen, verdrängt schon. Sie hatte damals unverblümt behauptet:
„Mein Mann ist gestorben und ich habe meine Freiheit gewonnen."
Ihre Worte wirkten gleich einer Flutwelle; die

eine Seite der Verwandschaft fühlte sich hinweggespült. Noch heftiger wirkte ihre Irritation – da war sie schon 78: „Wenn ich all das betrachte was ich seit dem Tod meines Mannes angepackt habe und plane weiterhin in Gang zu setzen, habe ich mich im Grunde verschwendet, im Leben mit Friedhelm."
Sie fuhr fort: „Ich ging Jahrzehnte immer etwas hinter ihm. Stimmte stets dem zu was er ausgewählt hatte, Spaziergänge, Reisen, Restaurants – was auch immer."
„Er dominierte?"
„Alles!"

„Und warum hast du dich - mit deinem Selbstbewusstsein und deiner Führungsfähigkeit - nicht mal selbst als Dominanz eingebracht?" fuhr ich im Interview fort. Gabriele lachte gequält: „Mir fehlte einfach die Initialzündung. Wir waren verheiratet. Da waren lange Jahre die Kinder im Haus. Tja, ich weiss nicht.
Vielleicht war's die Treue. Ein treuer Hund hat doch seinem Herrn zu folgen. So heisst es doch." Sie lachte.

„In den vergangenen Jahren nach dem Tod deines Mannes, deinen Siebzigern, hast du Jahre nachgeholt?"

„Und ob! Eigentlich Jahrzehnte." „Und wie schafftest du das mit über siebzig?" Gabriele schnaufte: „Ich fühlte mich bombig und zwischendurch wohlig kaputt. Wohlgemerkt, nicht erschlagen. Obwohl mir die Knochen manchmal wehtaten." Sie lachte. „Ich hatte mich ja jahrelang geschont."

„Und der Anschub dass du mit einem Mal so loslegtest, war das wirklich der Tod deines Mannes?" „Ja, ich ging ja in einer siamesischen Verbindung auf. Wir waren eins."

„Und dann war mit dir nur noch ein Halbes am Leben?"

„Genau.

Und so musste ich mir gleichsam ein neues - ganzes - Leben erschaffen."

„Das tatest du ja dann. Egal was deine Lieben dachten?"

„Ja."

„Was war das erste was dich auf deinen neuen Weg führte?"

„Ich sah eine Anzeige von Karstadt in der

Zeitung. Die suchten Senioren um Seniorenkleidung zu präsentieren." „Auf dem Laufsteg?" „Ja, darauf lief es hinaus. Mit anderen ging ich nach einer Trainingsphase in der Zentrale auf eine Road Show - so nannten die das - im gesamten Bundesgebiet.
Hat mir viel Spass gemacht. Klar – danach war ich erst einmal kaputt. Aber es war toll." Gabrieles Augen glänzen.

Mir fiel ein dass Gabriele immer noch die zweite Vorsitzende des Seniorenbeirats des Landes ist. „Du bist auch politisch engagiert, für die Belange
der Alten?" „Ja, das kam später." Sie lachte: „Nach meiner Mannequin-Zeit.
Aber nächstes Jahr stelle ich mich nicht mehr zur Wahl. Bei aller Dynamik, die man mir zumutet, möchte ich doch nicht mehr mein Leben mit Terminkalender führen."

Sie stand auf. „Jetzt habe ich Hunger. Können wir das Interview einfach stoppen, so stehen lassen?" und schoss gleich nach: „Du weisst ja, 'Verschwendung' ist bei mir seit zehn Jahren out."

- um die 70 – Wolf-Erwin

Die 70 hatte Wolf-Erwin schon erreicht. Obwohl, dies als Zielpunkt gesehen, nein, so wollte er die siebte Dekade nicht verstanden wissen. Als gläubiger Mensch war gerade ihm aus der Bibel bekannt 'Unser Leben währet siebzig Jahre, und wenn's hoch kommt, so sind's achtzig.'

Dieses Mal hatte er eher einfach so dahingedacht. So dahin denken, einfach so dahin denken, bis hin zum gar nichts mehr denken, diese Erfahrung wollte Wolf-Erwin nicht mehr missen. Irgendwann war ihm dieser Prozess bewusst geworden. Wann genau, wusste er nicht mehr. Es lag höchstens fünfzehn, zwanzig Jahre zurück.

Es hätte auf der Autobahn im Stau gewesen sein können, denn stets wenn er im Auto unterwegs war dachte er daran. „Im Stau kommt man zur Ruhe". Daran glaubte er fest, war aber so fair festzustellen „Wenn kein Termindruck besteht". Wie er überhaupt beim Autofahren zur Ruhe kam. Das Radio blieb stets aus, selbst wenn er die Strecke zum Mittelmeer nahezu in einem durch fuhr.

Inzwischen beobachtete und reflektierte er

viel stärker als früher, ja, als alle Zeit vorher.

Gerade hatte er so bei sich festgestellt, dass er heute nur mit zwei Leuten gesprochen hatte, den ganzen Tag über. Jetzt mal die Frau an der Kasse des Supermarktes nicht mitgerechnet.
Tags zuvor war es noch ganz anders verlaufen. Kunststück. Waren doch beim Volleyballspielen am Montagabend allein zwölf Leute vom Team dabei. Mit mindestens sechs ergaben sich längere Gesprächsfetzen. Mit einem hatte Wolf-Erwin danach beim Entspannungs-Umtrunk am Kiosk intensiver geredet.
Er fragte sich nun: „Wann habe ich mich denn besser gefühlt?
Den Tag über wo ich meist allein war? Oder am Abend mit den Kumpels vom Volleyball?"
Eine Antwort hätte Wolf-Erwin nicht zu sagen gewusst. Er war ja auch nicht gefragt worden. Doch klar war es ihm, die Fragestellung:
„Lebe ich nur so dahin? Mit der einen oder anderen Begegnung so dann und wann?"

Jetzt fokussierten sich seine Gedanken auf

etwas das so richtig noch nicht von ihm Besitz ergriffen hatte:
Es war das 'mit dem Älterwerden wenn man alt ist'.
Dieses Älterwerden war ganz anders als die Sehnsucht älter zu werden, wenn man in der Jugend hörte 'du musst warten bis du älter bist'. Meist ging's da um Rauchen, Trinken und Kinobesuch.
Wolf-Erwin war seit langem bewusst dass er auf's Ende zuging. 'Auf's Ende hin', diesen Ausdruck hatte er schon des öfteren benutzt seit er im Studium den hebräischen Schreckensausruf 'Holocaust' analysiert hatte. Mit den hebräischtypischen Vokalpunkten über und unter den Konsonanten hatte er gespielt und sie hin und her gesetzt. So fand er die Interpretation 'auf's Ende hin'. Das war ihm für das Wort 'holocaust' dass sich meist einer eindeutigen Übersetzung entzog doch sehr plausibel.
So war ihm eine besondere Affinität der Sache mit dem Ende und dem Weg dorthin nicht abzusprechen. Mit seinem eigenen zu erwartenden Ende weniger. Er ging davon aus, dass er noch zwanzig, dreissig Jahre

leben würde, bis in die Puppen oder so. Dann könnte er die Hundert erreicht haben. War nicht so wichtig!
Bei dieser langen Noch-Zeit-Haben-Zahl fiel es ihm ein. Die Frage drängte ihn.
„Lebe ich eigentlich maximal?
Hole ich das Wesentliche aus meinem Leben heraus? Oder ist es vielmehr so, dass ich mich eher verschwende?"
Diese Gedanken brachten Wolf-Erwin nach längerer Zeit mal wieder richtig durcheinander.
Dabei entsprach sein Leben inzwischen – wie eine gute Bekannte, Fachfrau für Meditation, einmal erklärt hatte – der Meditation an sich. Das hatte er nicht ganz verstanden. Auch hatte es ihn nicht näher bewegt.
In seinem Kopf regte es sich und liess nicht nach: „Warum lebe ich in erster Linie für mich?
Ist es nicht der Gegenüber der mich erst zum Leben erweckt, zum maximalen Leben?"
Theoretisch wissenschaftlich hatte er seit dem Studium Sicherheit. Die Anthropologie hatte ihm vermittelt dass der Mensch sich die Bedingungen seines Lebens selber schafft

(nur für anthropologische Insider:
Der Mensch ist abhängig von seiner Unabhängigkeit von Natur und Umwelt).
Übertragen heisst dass: der Mensch kann erst seiner selbst sein – ein ICH sein – wenn er mit einem Gegenüber – dem DU – korrespondiert bzw. kommuniziert.
Hier ist nicht Gott als Gegenüber gemeint sondern alles was kreucht und fleucht, so auch ein anderer Mensch. Wenn man auch so manchen alte Damen mit einem kleinen Hündchen an der Leine begegnet.

Eine Erkenntnis verdankte Wolf-Erwin einem Einfall in seinem Lieblingsbistro in Paris auf dem Montparnasse, wenn's für ihn auch noch eine Frage war: „Oder bin ich schon längst mittendrin, im maximalen Leben?"

Ich sage zu den beiden um die 70:

Tänzel nicht! Fass eine Entscheidung!

- Denk viel, mach eins.
  oder
- Denk nichts, mach nichts.

- um die 80 – Pia
Pia ist schon die halbe Welt umsegelt. Jetzt mit über 80 skippert sie noch auf dem Mittelmeer, immer wenn sie die Balearen heimsucht. Oder jene sie heimwinken. Wie andere in Berlin einen Koffer haben, hat sie dort eine Hütte mit Olivenhain. Skippern tut sie nicht mehr allein. Das heisst, es gab eine Zeit wo sie mit anderen auf Abenteuer ging, so mit dem Segelboot von Spanien nach Kuba. Der Atlantik hatte sich ihr milde, von seiner ruhigen Seite, gezeigt. Ja, mutig war Pia. Laut war sie nicht, aber deutlich ihre Meinung vertreten, das konnte sie immer schon.
Sie sagt, sie geniesse es. Verstehen kann man

es, wenn man sich für jemanden hält der Deutlichkeit oder Verbindlichkeit als Lust versteht. Dazu mag auch gehören jemanden im Auto mitzunehmen, ihm aber nicht anzubieten ihn auch bei sich zuhause abzusetzen. Nein, Bequemlichkeit unterstützt sie nicht. Jemanden zum Essen oder zum Trinken einzuladen, das gehört nicht dazu. Ihre Sozialität kennt zuweilen keine Grenzen. Mit ihr sollte man gern zusammen sein können.

Zurückblickend hält sie den Tag nicht mehr für wichtig an dem ihr Alleinleben begann. Mögen es zehn Jahre her sein, vielleicht weniger vielleicht mehr.
Ihr Abundzu-Gesprächspartner – früher auch mal Projektpartner – Bertram scheint daran Zweifel zu haben. Doch sie hat sich entschieden. „Ein Mann kommt mir nicht mehr ins Haus. Und mein Bett ist meins," diese Worte könnten von ihr sein.

In Gesprächen mit Männern wie Bertram werden alle intimen Phasen ausgespart. Bertram versucht schon mal eine Auflockerung. Stahlharte Blicke ihrer blauen

Augen lassen jedes Intim-Gespräch in der Versenkung verschwinden.
Ja, Pia kann das ohne ein Wort dabei zu sagen.
Dabei wirkt sie ausgesprochen attraktiv. Alte Herren auch Frauen würden sie als schöne Frau bezeichnen. Bis solches generationsübergreifend gesehen wird hat die Emanzipation zu 'Älterwerden' noch Aufgaben vor sich!
Mag sein, sie ist etwas sehr schlank, und ihr Habitus verwirrt so manchen. Irgendwie sieht man ihr das hohe intellektuelle Verständnis an. Das kann Zurückhaltung von ihr hervorrufen, von Männern wie von Frauen. Bertram stört sich nicht wirklich daran.

Pia geht seit langem ihren Weg. 'Straight' würde man neudeutsch sagen. Auf keinen Fall verschwendet sie sich.

- um die 80 – Hilde
„Öhh, ich bin 81."
Es klang bei Hilde wie mitten im Leben. Gut, sie wirkt recht vital, lacht viel. Mir kommt der Gedanke wieviel das 'Lachen' wohl Anteil

haben mag am Wohlergehen eines Menschen. Sie beschreibt mir ihre Tätigkeit.
Haushalt kommt zuerst, dann sich um einen alten Mann kümmern, ihren Mann. Ihre Augen glänzen wenn sie von ihrem Tun als Leiterin einer Töpferwerkstatt spricht. Zum Schluss kommt die Tätigkeit 'Geschäftlicher Kram'; das schliesst die Einkommensteuererklärung ein.
Alles passiert im eigenen Haus, vom Keller bis zum Dachboden.
Hilde hat für sich Zielvorstellungen für später, jaah. Mehr als bisher will sie Kunst in Augenschein nehmen, Ausstellungen für Malerei und Skulpturen besuchen. Dafür wird sie künftig auch weite Wege zurücklegen.
Dass sie es jetzt noch nicht tut, liegt an ihrem Verständnis zu ihrem Mann oder besser:
Liebe für ihren Mann.
Das sich um ihn kümmern hat Vorrang, vor allem.
Die Beziehung wirkt stark, deshalb ist sie nicht wirklich neugierig auf alles was so ist. Interessiert ist sie natürlich. Das wohl!

Stringent auf ein Ziel hin arbeiten, das liegt

ihr. Stets macht sie aus der auf sie zukommenden Aufgabe ein Projekt. Das kann 'Türen streichen' mit dem vorherigen Abbeizen von 15 Türen sein – ein grosses Haus hat sie ja – oder 'Wände tapezieren' bei einer Höhe von drei Meter sechzig und mit einem bisschen Angst auf der Leiter oder die Gartenum-gestaltung.

Die bekannte hohe Managementkultur 'aus jedem Problem eine Aufgabe' und 'aus jeder Aufgabe ein Projekt machen' hat sie verinnerlicht. Klar – hat das mit ihrer Entwicklung zu tun.

Mit 17 bestimmte ihr Vater, dass nach der Mittleren Reife sie die Handelsschule besuchen musste. Sie sollte sich auf die Übernahme von Aufgaben im Geschäft des Vaters vorbereiten. Ihr Wunsch, studienmässig in den Bereich Kunst und Textil einzusteigen, wurde ignoriert. Das dauerte.

Erst mit 41 Jahren begann ihr Einstieg in die Kunst. Sie war Teilnehmerin einer Gruppe im Töpferhandwerk. Die Leiterin nahm sie schon bald beiseite. „Du machst das so toll. Du bekommst eine eigene Gruppe."

„Als Leiterin?" hatte Hilde ganz vorsichtig

rückgefragt. „Ja, als Leiterin. Du kannst das einfach, das Töpfern." Zur Weiterentwicklung buchte sie dann doch einen Lehrgang in Berlin. Verrückte Sachen hätten sie gemacht, meinte sie. So hätten sie einen Ofen aus Schichtungen mit Zeitungs-papier und Lehm gebaut. Darin wären fertige Töpfereiprodukte entstanden.

Im Moment stehe sie vor keiner Entscheidung, meint sie. Sie sieht gelassen ihrem 60jährigen Hochzeitstag entgegen. Ja, es ist schon Liebe, versichert sie auf meine diesbezügliche Frage.
Da gerate ich doch ins Sinnieren:
Liebe im 60. Jahr. Wow!
Hilde weiss was sie will … und geniess

Ich sage zu den beiden um die 80:

Tänzel nicht! Fass eine Entscheidung!

- Bleib jung.
  oder
- Werde alt.

- um die 90 – Hans-Georg

„Wie geht's dir, Hans-Georg?" Sofort kam seine Gegenfrage: „Was machst du denn so?" Im angelsächsischen Raum braucht's da keine inhaltliche Antwort. Dort wartet niemand auf eine Weiterführung des Begrüssungsrituals. Hier schon, deshalb präzisierte ich: „Ich meine deine Gesundheit."

Ich wusste, Hans-Georg hat es schwer mit dem Hören und seit einiger Zeit auch mit dem Herzen. Sein Schlecht-Hören-Können nahm er seit langem hin. Die als besonders gut angepriesenen Geräte wollte er nicht bezahlen (was er gekonnt hätte). Und mit dem Herzen – nun, eine Operation Bypass usw. wollte er nicht. Nicht mehr!

Es soll wohl alles so seinen Lauf nehmen, dachte ich so bei mir.

„Lasst uns nicht über meine Gesundheit sprechen. Es geht bergab. Lass damit gut sein." Er sah mich an: „Wie ist es also mit dir?"

Meist geschah das wortkarge tètè à tètè an der Haltestelle der Strassenbahnen; wir wohnten nicht weit von einander entfernt,

hatten also die gleiche Haltestelle.
So also startete fast jede unserer Begegnungen.
Und wenn ich den Vorschlag machte noch gemeinsam irgendwohin zugehen, winkte er stets ab.
„Ich bin verabredet," kam es stereotyp aus seinem Munde. Ich musste ihn schon an einem der Weihnachts- oder Oster-Festtage zu mir nach Hause einladen, dann kam er und immer sehr pünktlich zur vereinbarten Zeit.

Wir kannten uns jetzt schon zehn Jahre oder mehr noch.
Was war er für ein agiler Mann gewesen!
Aktiv ist er auch jetzt noch als Meister aller Klassen der chinesischen Kampfkunst. Zweimal die Woche erleben ihn zwölf Frauen zwischen 25 und 75 als Dozent im schwarzseidenen Abzug des Meisters. Die Kampfkunst ist hier extrem verlangsamt in den Bewegungen ähnlich dem allseits bekannten TaiChi. Also auch ohne schmerzhafte Berührung des Gegenübers.
Eine jede schaut zu ihm auf. Niemand widerspricht wenn mal eine Übung zu intensiv für

die eine oder die andere ist. Höchstens ist ein gequältes Lächeln auszumachen. Für Hans-Georg reichen wenige Bewegungen zur Demonstration aus. Ich würde es als 'rhythmisches Stehen' bezeichnen.

Lang liegt es zurück dass er sich für die Kampf-kunst wie sie in China seit mehr als tausend Jahren gelehrt wird zu interessieren begann, Jahrzehnte. Jetzt ist er Meister aller Klassen.
Zuletzt kam noch das Schiessen mit dem japanischen Grossbogen hinzu. In beiden Künsten geht es darum Wissen und Intuition auf den Punkt zu bringen.
Ich weiss das. Habe selbst sieben Jahre Judo gemacht und immerhin Friedels Buch 'Zen und die Kunst des Bogenschiessens' gelesen.

Hans-Georg hatte erfahren wie stark Disziplinierung und Zielfokussierung den Menschen zu so etwas wie einem höheren ICH führen können. Den Absturz jetzt in hohem Alter aufzuhalten, irgendwie in den Griff zu bekommen, erfordert nicht nur seine ganze Kraft sondern geht auch über sie hinaus.

Seine Konzentration ist stark, noch immer. Doch, er erlebt seine Schwachheit. Und diese steigt an. Beim Treppensteigen zu mir in den ersten Stock ist er bereits völlig aus der Puste. Wenn er sich aufrichtet, wirkt er als ein Mann wie ein Baum.
Doch er weiss um den Windhauch der ihn zu Fall bringen kann. Jeden Schritt macht er bewusst.

Zunächst hatte ich erstaunt geguckt als er mir auf seine diesbezügliche Frage antwortete, er lese nicht mehr. Am liebsten sehe er Naturfilme. Inzwischen habe ich ihn verstanden, eben dass er die Vielfalt der auf ihn zukommenden Information einschränkt. Und das nicht so tolle Hörgerät hilft ihm dabei, beim Abschalten.
Hans-Georg konzentriert sich auf das Wesentliche, das was ihn beeindrucken kann. Er vermeidet Erklärungen, denn Diskussionen geht er aus dem Weg, meistens. Um die Schmerzen, die er hat, einzudämmen, nun, da verschwendet er keine Zeit mehr auf Unterhaltung die ihn nicht unterhält.
Klar - erinnert er sich und kann sich vorstellen

wie das Leben auch gehen könnte.
So kann es aber nicht für ihn gehen!
Auf's Ende zugehend gibt's für ihn keine Verschwendung mehr.

- um die 90 – Martha
Martha wählte ihre Worte überlegt. „Ich hab's verpasst. Mit 70 hätte ich ihn verlassen sollen. Oder schon eher, am besten mit 60. Damals
hatte ich meine Bankvollmacht von ihm bekommen. Stets habe ich doch nach seiner Pfeife getanzt. Sechs Jahre nach unserer Heirat kam er zurück. Das war ja normal für Kriegsehen. Ich war 27 und hab auf Axels Rückkehr gewartet, mit einem Kind.
Wie wir die Eiserne Hochzeit erreicht haben?
Na, sie war mit einem Mal da, nach 65 Jahren gemeinsamen Lebens.
Gereicht hätten mir mit Axel – ich deutete es schon an – 25 oder 35 Jahre weniger.
Doch ich traute mich nicht einfach zu gehen.
Erst weil ich keinen Zugang zum Konto hatte.
Dann: Was hätte er denn ohne mich machen sollen?
Im Grunde habe ich ihn doch versorgt.

Andererseits war ich nie allein, nie einsam.
Wenn ich im Zentrum zum Einkaufen war, konnte er nie genug davon hören was da so gewesen war, was ich erlebt hatte. Zusammen gingen wir ja selten einkaufen. Mir war das sehr recht, das eine wie das andere. Dass er mich jedesmal fragte, na, das hat mir gefallen. Ich war ja im wahrsten Sinne des Wortes gefragt. Und das zog sich hin – eben bis zu seinem Tod. Da war er 95 und ich 86.
Ich fühlte zwar Trauer, doch keine Befreiung. Nur müde war ich. Meine Freundinnen hatten alle schon das Zeitliche gesegnet. Ich war die letzte. Gut, der Kontakt zu meinen beiden Kindern war da, auch zu den Enkeln.

Aber, was hätte ich alles unternehmen können als ich noch richtig konnte!
Sogar gelernt hätte ich noch was.
Einen Beruf hatte ich ja nie erlernen dürfen. Oder ich wäre mal hierhin und dorthin gereist, auch länger.
So habe ich mich nur gekümmert.
Ja, eine gute Tat vollbracht, vielleicht.
Vielleicht auch nicht, denn über eine gute Tat kann man sich freuen. Allzu häufig war ich

aber missmutig. Bis auf die Phasen wo ich vom Einkaufen wieder nach Hause kam.
Wo ich ja gefragt war! Sonst war nur dieses 'Mach dies, mach das'.
Ja, einen Grossteil meines Lebens habe ich verschwendet.
Klingt fürchterlich, ich weiss.

Ich sage zu den beiden um die 90:

Tänzel nicht! Fass eine Entscheidung!

- Geh durchs Feuer.
  oder
- Meide das Feuer.

Und nun die Reflexion und die Wirkungsanalyse der Episodenberichte
„... und verschwende dich nicht! "

Was steht im Vordergrund?

Was stört allzu oft?

Was führt konkret zur Entscheidung?

Und was habe ich davon?
Und die anderen?

Wie zufrieden/glücklich macht die Entscheidung sich eben nicht zu verschwenden?
    +
Wie ist die Wirkung der Entscheidung
auf jene die um mich herum sind?

Die Fragen:

Was steht im Vordergrund?

Die Suche nach dem Lebensziel, mehr noch nach dem rechten Lebensweg ist in allen Episodenberichten zu spüren.
Dann ist da noch etwas, was man gemeinhin nicht als zusammengehörig sieht.
Alle Protagonisten zeigen sich egoistisch oder hatten erkannt dass ihnen diese Eigenschaft abhanden gekommen ist.

Das hat seinen Grund von Alters her und ist - wie wir hörten - Kern der Menschheitsgeschichte.
Das beginnt bei dem 'sich selbst erkennen' und 'sein ICH in den Fokus rücken'.
Doch dabei darf es nicht bleiben. Das reicht noch nicht.
Wir erinnern uns an Wolf-Erwins (um die 70) Sinnieren – er kannte sich ja mit der Lehre vom Menschen, der Anthropologie, aus. Nicht für sich hatte er das ICH stehen lassen sondern einen Gegenüber gefordert „der

Mensch kann erst seiner selbst sein – ein ICH sein – wenn er mit einem Gegenüber – dem DU – korrespondiert bzw. kommuniziert".
Zurück zum radikalen 'Ich bin's'.

Wir hörten von Elisa (um die 20), dass sie sogar eine mögliche - in die Ehe mündende - Liebes-Beziehung hintansetzt. Wo sie sich nun endlich entschieden hat, ihren Beruf ohne noch einmal abzuweichen anzupeilen. Wie du lesen konntest, hat sie erst nach Jahren (in ihren doch sehr jungen Jahren) die Kurve gekriegt.
Nun, wie weit gilt es den Egoismus zu treiben um sich nicht zu verschwenden?
Wegbereitend kann Neugier sein.
So nimmt sich auch Elisa Sachen vor die sie interessieren, darunter regelmässig Nachrichten gucken.
Jan (um die 20) sieht das natürlicher, gemäss der Natur an sich. Er pocht auf seinen Instinkt das Richtige zu machen.
'Was kostet die Welt?' war schon immer das Motto der Jugend.

Doch, auch Helfer halten einen bei der

Stange!

Miriam (um die 40) hat sich solch einen Helfer zugelegt.

Ein Age Manager begleitet sie (alle 4 Wochen zwei Stunden). Sie ist sich sicher: Der kann mit seiner Lebenserfahrung ihr helfen ihre Umbruchsituation zu meistern.

In jedem Fall gilt: Das Kernziel darf man nicht aus den Augen verlieren.

Das klappt ganz gut, wenn man weiss wofür man lebt.

Anna (um die 30) betont es explizit.

Da verliert sich auch die Gewichtigkeit von Sorgen.

Der Philosoph Peter Sloterdijk meint dazu: „Keine Geschichte macht dich alt. Die schlechten Erfahrungen zwingen zu nichts."

Im Gegenteil, die Fülle der Sorgen kann zur Lösung des Gesamtproblems werden.

So geschehen bei Charlotte (um die 50).

Als sie mit der dritten Sorge konfrontiert wurde, machte sie tabula rasa und fand ihren Weg.

Nicht von Bedeutung war es, dass sie zum Zielort 5.000 Kilometer zurücklegte. Das ist die Luftlinie Berlin-Bischkek in Kirgisistan.

Es findet sich ein Dominanzstreben, das zur Erhaltung vor harten Entscheidungen nicht zurückschreckt. Bei Franziska (um die 40) geht's härter nicht.
So manchem wird das Buch aus der Hand gleiten, bei der Stelle wo sie zwei Wochen vor Weihnachten ihrem langjährigen Ehemann mitteilt:
„Ich liebe dich zwar, aber möchte nicht mehr mit dir leben."

'Sich nicht verschwenden' erfährt ein besonderes Augenmerk wenn man alt wird, so richtig alt wird. Redundant, also weitschweifend leben, ist out.
Hans-Georg (um die 90) kann ein Lied davon singen. Nun, er singt nicht mehr!
Es geht einem durch den Kopf, dass man früher gut leben, später dann das beste daraus machen wollte und jetzt nur noch die kürzeste Linie zwischen zwei Punkten gehen möchte.

Auch eine Art von 'straight', was du bei Pia (um die 80) schon als freien Entscheid kennen-lerntest. Hier nimmt die Verkürzung durchaus Formen an, in die man hineingepresst wird.

Anlehnungen findest du schon bei Wolf-Erwin (um die 70).

Gabriele (um die 70) entwickelt einen Gegenpunkt zum vorgenannten Leiden. Was sie als solches auch gar nicht empfunden hat, damals im Leben mit ihrem Ehemann. Nach dem Tode ihres Mannes (du kennst inzwischen ihr Bekenntnis) 'Mein Mann ist gestorben und ich habe meine Freiheit gewonnen' will sie's wissen und startet eine Offensive zur Selbstverwirklichung auf Basis ihrer vorhande-nen Selbsterkenntnis.

Sie hat strukturelle Helfer zum Gelingen; auf ihrer Roadshow als Mannequin (mit über siebzig!) geht es nicht ohne Disziplinierung und Wissen worauf's ankommt. Zielfokussierung sagt man heute.

Irgendwann bemerkst du, fühlst du es sogar: Du bist auf einem guten Weg deiner selbst - an sich. Die Einschränkung erklärt sich.

Denn du findest bei dir noch nicht das, was für dich absolut steht, eben du zu hundert Prozent erfüllt sehen willst.

Du wähnst dich also schon längst auf dem richtigen Weg. Aber die letzte Lücke zu deinem glücklichen Gelingen hast du noch nicht ausgefüllt.
Kein volles Befriedigtsein!
Franziska (um die 40) ist so ein Beispiel.
Auf die Härte ihrer dann fälligen Entscheidung habe ich schon hingewiesen.

In solch einer Verfassung, merkst du wie du alles verinnerlichst.
Nichts von aussen kommend gilt mehr!

Deine Seele kommt ins Spiel. Wo sie sich auch immer befinde mag.
Hörst du auf sie, sind Aussenstehende wirklich aussenstehend.
Eröffnest du jenen deine Zukunft, giltst du als verrückt (kann so sein).
Doch nicht verzagen:
Jetzt bist du mitten in einem Momentum, das dir Licht bringt.
In diese Richtung geht's auch bei Thomas (um die 30), auch bei Gabriele (um die 70).

Liebe und Hass können powervolle Motivatoren sein. Das kann nicht wirklich verwundern, denn Lieben und Hassen gelten als zwei Seiten einer Medaille.

Hierzu gehört auch, <u>das eine</u> schon lange Gewohnte zu lieben oder <u>das andere</u> lange Gewohnte zu hassen.

Martha (um die 90) wurde zeit ihres Lebens bis hin ins hohe Alter zwischen diesen Extremen hin und her gerissen.

Noch ohne Hass aber mit Verve spricht man davon, 'die Schnauze voll zu haben'.

Hüten muss man sich in solch einer Lage, dass sich die Einstellung nicht verfestigt und sich in einem Wut-Ausbruch Platz schafft.

Werner (um die 60) scheint hier kurz davor zu sein.

Das Momentum zum Antrieb kann verfliegen, wenn die Emotion die Vernunft gar nicht aus den Klauen lässt. Der Zweifel an einer Sachlage oder an einem Gegenüber kauert herum, aber kristallisiert sich nicht. Es sind dann nur Turbulenzen an der Oberfläche. Echter Tiefgang geht nicht.

Auch Werner kommt letztlich nicht zu Potte, geniesst aber.

Das hat was!
Hilfreich zeigt sich, die Tradition anzuzapfen. Der Opa, der das Tischler-Handwerk beherrschte - wie bei Franziska (um die 40) - oder die eigene Erinnerung an seine bevorzugten Spielwerkzeuge - wie bei Jan (um die 20) - können enorm motivieren, um diese Richtungen auch zu späteren Zeiten anzupeilen.

Wie man überhaupt Impulse von aussen nicht ignorieren sollte. Mit den Veränderungen geht es dann spürbar leichter.
Der schon erwähnte Age Manager lässt grüssen – bei Miriam (um die 40).

In Not sein ist immer gut um in einer Umbruchsituation wieder Land zu gewinnen, zum Beispiel 'gefeuert werden sollen' oder 'gefeuert worden sein'. Das tangiert selbstverständlich nur unser Thema "...und verschwende dich nicht! ".
Charlotte (um die 50) hat da ihre Erfahrungen.
Zunächst hast du keinerlei Verständnis was noch mit dir werden kann. Was überhaupt

noch werden kann!
Hoffnung siehst du noch nicht einmal am Horizont.
Wenn es dann 'click' macht und dir ein Licht kommt, startest du neu.
Da du sowieso einen neuen Anfang machen musst, ja, warum dann nicht einen der richtig zu dir passt?! Das hat jedenfalls Hilde (um die 80) vor.

Zur Verantwortung hingezogen fühlen oder gezwungen sein, tut's auch.
Wenn du die Chance hast, ein Kind aufzuziehen.
Ergreif sie!
Jörg (um die 50) hat's getan.
Verantwortung für ein Kind zu tragen, ist wie jemanden Liebes kennengelernt zu haben, nur intensiver. Da ist ja wer von dir abhängig.

Weiter führen auch Begegnungen, wo die Sich-Begnenden Interesse an einer möglicherweise gemeinsamen Zukunft äussern. Bei Verena (um die 60) dauert die Entscheidung noch an.
Es gilt halt die Zeitpunkte zu nutzen.

Thomas (um die 30) gelingt es, in dem er das zweite Staatsexamen <u>nicht</u> macht.
Zu allen Zeiten war das mit den Zeitpunkten von herausragender Bedeutung.
Sprichwörtlich ist hierfür 'ein Näschen haben' geworden. Gut, auch ein Schwert führen können gehört zuweilen dazu.
Denn ohne Machen geht gar nichts!

Alexander, der Eroberer, hatte stets mit dem Wort 'kairos' die Vorhaltungen seiner Generäle zum Verstummen gebracht. 'kairos' heisst so viel wie 'die günstige Gelegenheit nutzen'. So kam er bis nach Indien.
Und so - mit dieser Sensibilität für das Geschehen um einen herum - kommt man auch heute voran.
Glaub mir, eine Chance hat jede und jeder!
Ob auch Verena (um die 60) sich dafür öffnen kann?
Zuweilen muss man ein Wochenende planen, wie Miriam (um die 40). Sich den Status seiner eigenen Lebensziele bewusst machen, kann harte Arbeit sein. Da gilt es sich zu konzentrieren. Klappt besonders gut in nicht gewohnter Umgebung, ohne Störung von

aussen. Das hat Martha (um die 90) nie vermocht. Bis auf den Stadteinkauf kam sie in ihren letzten Jahrzehnten nicht raus aus ihren vier Wänden.

Und wenn dann Entscheidungen zu treffen sind, lass dich nicht verwirren.
Deine Probleme kannst du zu Aufgaben machen und diese zu einem Projekt – wie Hilde (um die 80) das schon immer macht.
Du bewegst dich dann im Areal höherer Management-Kultur. Bist durchaus auch auf dem richtigen Weg wenn du dich entscheidest schwierige Dinge der Reihe nach zu machen. Wolf-Erwin (um die 70) kann da mitreden.

Du hast wieder 'sehen' gelernt!

Was stört allzu oft?

Dem Aufruf " ... und verschwende dich nicht! " setzen so mache Störfeuer zu. So hat denn 'Sich an jemanden oder an etwas verschwenden' stets seinen Grund, seine Klebepunkte.

Ein wichtiger scheint mir dass man zu sehr am Alten, am All-Zu-Gewohnten hängt, gleichsam klebt.

Verena (um die 60) ist da so ein Beispiel.

Ja, auch die tollen Erlebnis-Momente der Kindheit können sich zu Störungen aufbauen, was unser Thema betrifft. Man richtet sich immer noch oder immer wieder aufs Neue bei Eltern ein. Genauer gesagt:

Es sind die gemachten Betten, die gewaschenen Hemden und der Ruf aus der Küche „Essen ist fertig". Elisa (um die 20) ist da inzwischen raus.

Eltern wollen das auch so, zumeist. Zumindestens zuerst!

Wenn Eltern den Lebensweg bestimmen (wollen), hat man mit Eigen-Erwählungen in der Regel was zu knacken. Auf jeden Fall hindern sie am Fortkommen – dies gleich in doppeltem Sinne.

Irgendwann spürst du die Kraft dich am Riemen zu reissen. Das Abbremsen der alten Gewohnheiten dauert schon mal. Doch dann hältst du an und lässt dich auf einen neuen Weg ein. Jörg (um die 50) macht's ganz profan.

Du hast gelesen, dass sein erster Schritt 'weg vom Multifunktionstyp' das Ablegen der Armbanduhr war.

Doch so selten ist es nicht, dass man erkennt auf dem falschen Dampfer zu sein und dort erst einmal verbleibt. Wie Werner (um die 60) es empfindet!

Doch Verständnis wird man für ihn aufbringen da er nicht nur Verführkünsten hin zu sexuellen Gewohnheiten erliegt. Er fühlt sich tatsächlich nicht wirklich hingehalten, da die unkomplizierten Treffen mit seiner Freundin auf Augenhöhe erfolgen.

Beide ziehen einen eigenen Vorteil aus den Begegnungen. Dazu trägt im besonderen das Lusterleben bei. Ich erinner' mich an einen Ausspruch von einem meiner Ausbildungsleiter in der Lehre: „Wenn's Spass macht, ist es keine staubige Arbeit." Darüber konnten

wir Lehrlinge wirklich lachen.
Heute seh ich den Spruch nach wie vor am Platz. Hab dabei aber mehr die Übertragung im Kopf.
Kommt man vor lauter lernen, also Lernstoff aufnehmen, nicht zur Erkenntnis seiner selbst, kann das auch die Weiterentwicklung zügeln. Andere Interessengebiete tun ein Übriges. Elisa (um die 20) macht es plastisch am online shopping fest. Jan (um die 20) zockt rum.
Keine Arbeit, keine Aufgabe zu haben – und damit nicht wissen was man eigentlich machen soll, ist eine Störung par exellence. Ich stolpere gerade über die Auszeichnung eines Negativums. Dabei habe ich doch selbst die Schwelle gesetzt.
Gabriele (um die 70) hatte bei allen Aufgaben in ihrem Eheleben keine wirkliche. Erst mit ihrem Alleinsein nach dem Tode ihres Mannes taten sich ihr die wirklichen Aufgaben auf. Aufgaben die sie mitrissen!

Hervorgerufen werden auch Störungen durch Gegenteiliges zu Nicht-Arbeit. So lässt sich der entwicklungsresistente - gut, andererseits

auch sichere - Beamtenstatus nur selten sprengen. Anna (um die 30) hat es doch geschafft; irgendwie auch Thomas (um die 30).
Beide wählen ihren neuen Lebensweg mit Risikoerwartungen. Thomas scheint es dabei leichter zu haben, da eine Partnerin mitmacht die Kohle für den Lebensunterhalt zu verdienen. Solidarität tut von jeher gut!
Hast du ja auch von Hilde (um die 80) und Martha (um die 90) gehört.
Keine Arbeit zu haben stört also die Weiterentwicklung. Doch drauflosarbeiten ebenso – wie bei Jörg (um die 50).
Miriam (um die 40) hatte jahrelang bei ihrer Büroarbeit den Jahresurlaub im Blick. Das fing schon am ersten Arbeitstag nach dem gerade beendetem Urlaub an. Da fällt es schwer auf andere Gedanken zu kommen. Miriam schafft es aber und holt sich Hilfe beim Age Manager.

Verena (um die 60) hat wenig Zeit zu ihrem gewünschten Leben zu finden. „Ich wäre so gern anders", meint sie. Sensible LeserInnen werden ein unterdrücktes Flehen spüren.
Ihre vier Enkel brauchen sie. Na, … und der

Garten!
Die Assoziationen, was man auch machen könnte, sind weit weg. Lies den abgedruckten Mailverkehr! Und die SMS-Fragmente!

Und jetzt mag's überraschen: War eben noch der Vorwurf, keine Zukunftsvisionen zu haben oder sich an jene heran zu trauen, so geht es jetzt umgekehrt, was die Störungen betrifft.
Planungen können so hinderlich für einen neuen Weg sein!
Man könnte einen bekannten Spruch – nicht wirklich aber dem Geiste nach biblisch fundiert (in der Bergpredigt) – hier ansetzen 'Plane nicht, lebe'.

Pia (um die 80) und Hans-Georg (um die 90) werden das sofort bejahen. Wolf-Erwin (um die 70) als gelernter Denker und Plato-Versteher sowieso!
Ist für so manchen der Weisheit letzter Schluss, für Bibelnahe und Bibelferne. Für die asiatischen Weisheiten auch! Lao Tse steht da ganz oben:
„Ein guter Reisender hat keine Pläne und kein Ziel".

Könnte Hans-Georg (um die 90) zitiert haben; er kennt sich in fernöstlicher Weisheit aus.

Bis zu seinem Fünfzigsten galt Jörg (um die 50) als Multifunktionstyp, als Macher. Als wollte er eine typische Hausfrau in deren Haushalts-
Management übertreffen, so viele Dinge machte er gleichzeitig. Nicht nur in seinem Job, nein, auch noch privat dazu.
Wie berichtet schuf er sich eine technische Hilfe im Sinne von „ ... und verschwende dich nicht!". Er legte an seinem fünfzigsten Geburtstag seine Armbanduhr ab. Als dann später das Handy aufkam, mit der Uhr drinne, hatte er seinen Weg schon gefunden und war ein kleiner Meister beim Einschätzen der Zeit geworden.

Damit einher geht die Störungswahrnehmung der Informationsvielfalt die auf jeden von uns trifft. Wenn man da keinen Filter hat, kann's einen schon mal erschlagen.
Elisa (um die 20) und Hans-Georg (um die 90) liegen altersmässig weit auseinander, immerhin siebzig Jahre, wissen aber am besten wie's

geht und können helfen.

Halbe Sachen sind auch für Jörg (um die 50) keine Basis, von der man zu neuen Ufern aufbrechen kann. Das erkennt Martha (um die 90) ebenso. Doch sie macht gar nichts.
Franziska (um die 40) leistet ganze Arbeit.
Dazugehörig muss man noch Werner (um die 60) nehmen.
Für ihn ist 'Und immer lockt das Weib' nicht nur das berühmte Film-HighLight mit Brigitte Bardot aus seiner reiferen Jugend. Seine Angebetene auf Zeit lässt ihn nicht locker, wenn sie sich mal wieder und immer wieder zum Tete à Tete ankündigt. Wobei es ja bei der Kopfsache nicht bleibt. Der ganze Körper mit Geist geniesst, Zehen und Kopfhaut inklusive.
Da ist dann von Verschwendung keine Rede mehr. Man tut's halt, sich verschwenden!
Klappt irgendwie!

Jede und jeder wünscht sich eine lange Beziehung.
Doch stirbt dann ein Partner, vielleicht sogar plötzlich, brechen alle Dämme. Zunächst

beim weinenden Trauern. Die Kurve zu bekommen fällt schwer.
Zum Buddhisten ist es dann innerlich nicht mehr weit, dessen Motto, na besser: Lebensphilosophie, ist ja: 'Alles ist Leiden'.
Um den Ausstieg aus der Leidenssituation nicht zu verpassen, muss man sich recken. Das erfordert Übung und .. dauert.

Eine gute Tat ist die Sorge um einen Angehörigen bis hin zur Pflege. Doch wie oft kommen jene die sich aufopfern nicht mehr zu dem was sie wirklich wollen, für sich künftig vorhaben?
Leider allzu oft!
Hilde (um die 80) wünscht man ein Leben in guter Balance. Bei Martha (um die 90) kann man nur mit-leiden.

Ein mächtiger Impuls kann zu einer übermächtigen Störung werden!
Ja, wenn man nach und nach sich gewiss wird dass man älter und älter wird.
Und man schon alt ist!
Hans-Georg (um die 90) erlebt es so. Und Wolf-Erwin (um die 70) denkt es sich.

Gefangen ist man dabei von der Erfahrung am eigenen Leibe.
„Es geht bergab", ist authentisch und zieht einen Seufzer nach sich.
In dem Moment noch gedanklich zu einem Punkt zu kommen, der rosarot und in hellem Licht sich zeigt, ist so einfach nicht.
Grenzbereiche öffnen sich. Zu solch einer Zwischenwelt hat Pia (um die 80) gefunden und es sich darin zurecht gemacht.

Wie sich zwei Gerade in einem Punkt, dem Fernpunkt treffen – man spricht vom Parallelen-Axiom, so kommt zusammen was eigentlich nicht zusammengehört. Wer jemanden der 'aufs Ende zugeht' – darüber mehr bei Wolf-Erwin (um die 70) – mit einem „ … und verschwende dich nicht!" kommen will, liegt so falsch wie jemand der einer alten, lebenserfahrenen gesunden Person etwas über gesunde, reife Kost sagen will.

Hier siehst du:
Es kommen im Leben Zeitpunkte, da gehen alle Lebenserfahrungen in Weisheiten über. Sie bedürfen keiner weiteren Betrachtung.

Im Ansatz aufkommende Fragen schliessen bereits abschliessende Antworten ein! Störun-gen zu "... und verschwende dich nicht!" spielen keine Rolle mehr.

Dein Leben geht ...

Was führt konkret zur Entscheidung?

Bei Elisa (um die 20) kommt irgendwann die Erkenntnis „Mein Studium dauert zu lange". Ja, das Rumwurschteln muss einen schon nerven, damit die Entscheidung zum Lebensumbruch reift.
Überhaupt ist es der Frust im beruflichen wie bei Miriam (um die 40) aber auch im privaten Leben, wie bei Pia (um die 80) der wie ein Katapult dazu führen kann sich nicht mehr zu verschwenden.
Charlotte (um die 50) stellt sogar ihr gesamtes Leben infrage: Beruf, Beziehung, dazu noch ihre Wohnsituation. Und genau jene ist es, die alles an Sorgen auftürmt. Sie erkennt es eher als 'Abrundung'. Es macht sie frei zu einer neuen Perspektive zu gelangen.

Dass Total-Management nicht das wahre Leben ist, zeigt sich bei Jörg (um die 50). Dennoch, es bedarf eines Rucks wenn man erkennt dass es nicht mehr geht, damit man es eben auch tut.
An sich selbst sich auszuprobieren ist die neue Maxime.

Mit der Reflexion zum Ende kommen heisst nichts anderes als mit sich selbst zu Potte kommen. Sich nicht mehr verschwenden!
Wie kommt man dahin? Zu einer Entscheidung dieser Tragweite?
Der egoistische Antrieb ist es wieder, der Schwung in die zögerlichen Überlegungen bringt. Wie Elisa (um die 20) meint: „Ich mache das was mich besonders interessiert". 'Sich ruhige Tage vornehmen', wie Miriam (um die 40) beschliesst, ist so schlecht nicht.
Überlegungen in einer ruhigen, (noch besser) nicht-gewohnten Umgebung können halt am ehesten Realität und Wünsche miteinander in Einklang bringen. Da wird sich auch die Reflexion nicht um sich selbst drehen. Sie hat sehr bald den Fokus im Blick, ist fokusssiert.

Eine echte Hilfe ist, verrückte Ideen zu verwirklichen oder schon ausgefallene Angebote anzunehmen. Tun was man sich noch nie getraut hat, ist ganz normal.
Der Geschäftsfreund von Jörg (um die 50) bedauert es von Herzen solches nicht erleben zu können, eben dass Jörg sich trotz Geschäftsanrufs weiter darauf konzentriert

nur das Eine zu tun, nämlich seinem Baby die Flasche zu geben.

Von Thomas (um die 30), auch von Anna (um die 30) dürfen wir Ähnliches erwarten.

Der Drang etwas überhaupt zu unternehmen wird übermächtig.

Zu einer Entscheidung führt auch wenn man von einem Unglück im engeren Bekanntenkreis erfährt. Oder es erlebt – Gabriele (um die 70) ist da mein Lieblingsbeispiel.

Oder vom nicht erwarteten Glück – wie die Ehefrau von Thomas (um die 30), der sich durch ihres Mannes Entscheidung alle berufliche Türen öffnen.

Eine Anbindung an die Tradition spielt auch eine Rolle. Bei Elisa (um die 20) ist es der Vater, bei Jan (um die 20) ist es die Mathelehrerin, wenn er es auch formal abtut. Ebenso Anna (um die 30) in Gedanken an ihre Oma in Dänemark.

Auch die Natur bietet Muster es ihr gleich zu tun.

Jörg (um die 50) versucht es jedenfalls, wenn er nach dem Ablegen der Uhr beginnt die Zeit in ihrem Verlauf einzuschätzen.

Wolf-Erwin (um die 70) fährt auf die immerwährende Tradition ab. Als Plato-Liebhaber weiss er von der ewig lebenden Seele, geht aber dabei doch ins Detail und schaut dahinter, zum Kern der Seele hin.
Er erkennt, dass jedes Ding seine Wichtigkeit hat.
Um das zu erfassen, gilt es die Dinge der Reihe nach zu tun.
Nicht wie ein Multifunktionstyp, der möglichst viel auf einmal macht und machen kann. Jörg war so einer, in seiner Zeit mit Uhr am Handgelenk.

Spontan-Begegnungen sollen auch schon einmal zu Entscheidungen über neue Lebenswege geführt haben. 'Liebe auf den ersten Blick' muss ja keine Floskel sein. Obwohl, Verena (um die 60), zweifelt beharrlich.
Der Tod eines Partners ist es auf keinen Fall. Doch er kann das Tor zu neuen Entscheidungen aufstossen, wie bei Gabriele (um die 70) „Mein Mann ist gestorben und ich habe meine Freiheit gewonnen."
Ganz profan geht's dann zu neuen Ufern wenn die Kinder aus dem Haus sind. So war

es stets bei Pia (um die 80).

Doch wenn man älter wird, im Alter älter wird und auf's Ende zugeht, trägt man an allen Reflexionen schwer.
„Was soll das noch?" ist 'ne rein rhetorische Frage. Ich will sie hier keinem der befragten und betrachteten Personen zuordnen.
Man findet sich nicht mehr jung, ist jetzt älter, alt geworden, wenig attraktiv.
Man richtet sich ein, schaltet das Hörgerät schon mal ab wenn es allzu laut um einen herum wird. Informationen werden drastisch gefiltert und damit sich zurechtgebogen. Naturfilme bleiben dabei unangetastet, will heissen: werden gesehen.
Kein Mensch spricht dabei von Meinungsmanipulation.
Ist sie aber, wenn auch hausgemacht!

Was uns bleibt ist der Instinkt.
Der ist uns allen zu. Zu allen unseren Lebenszeiten!
Da macht man einfach und lässt sich nicht zurückhalten, wie Jan (um die 20) schon in seinen jungen Jahren für sich erkannt hat.

Den Gegenpol stellt Miriam (um die 40) dar. Sie ruft ihre Vernunft ab, indem sie sich einen Age Manager auf Zeit an die Seite holt. Sie ist sich sicher die mit ihren Vierzigern neu kommenden Perspektiven in den Griff zu bekommen.

**Und was habe ich davon?
Und die anderen?**

Wie zufrieden auch glücklich macht die Entscheidung sich eben nicht zu verschwenden?

Zufrieden sein, sich glücklich fühlen, das fällt dir nicht sofort ein, wenn du den Weg den du gehen willst gefunden hast.
Dir geht es zunächst wie einem 100-Meter-Läufer der das Zielband zerreisst, aber für den Moment noch hin- und hergerissen ist. Erst den Trubel begreifen lernen musst, um ihn dann auszukosten! Dann liegt er auf dem Boden, die Arme gestreckt, die Augen zum Himmel gerichtet.
Wie bei jenem, ja, ganz ähnlich wird's dir ergehen, wenn du angekommen bist.
Nur dass du später wahrscheinlich auf deiner Bettdecke liegst und zur Decke starrst.
Der wahre Triumph stellt sich erst später ein, bei den Feldherren der Cäsaren erst lange nach einem Sieg, mit dem Triumphzug in Rom.

Eindeutig kannst du Zufriedenheit bei sieben der 16 Personen feststellen. Bei den anderen bedarf es einer differenzierten Betrachtung.
Elisa (um die 20) machte sogar den Sprung aus ihrem geliebten Elternhaus heraus und dann gleich weg ins Ausland. Dafür hat sie jahrelang Anlauf genommen.

Interessanterweise ist Anna (um die 30) auch auf dem Weg ins Ausland. Sie hat zwar wie Elisa noch ein Studium vor sich, zeigt aber deutlich wie glücklich ihre Entscheidung sie gemacht hat. Alle Arbeit die jetzt auf sie zukommt, ja, an die geht sie mit Lust heran.

Lust hat Thomas (um die 30) nach seiner Entscheidung das zweite Staatsexamen nicht zu machen jetzt auch. Dass er die Rolle des Hausmanns mitausfüllt, begrüsst vor allem seine Frau. Sie sieht bei sich echte Pespektiven für Karriere.

Den Weg gefunden hat auch Charlotte (um die 50). Ihr Weg führt sie ebenfalls ins Ausland, am weitesten von allen. Dass sie mit über 50 ausgewählt wurde in der Hauptstadt von Kirgisistan ein Jugendzentrum aufzubauen, hätte sie zuvor als blöden Gag abgetan.

Ja, was geht – so kannst du mal wieder sehen – bestimmst du selbst.

Jörg (um die 50) ist in dieses Buch als Beispiel eingegangen als er sich entschlossen hatte, mit 50 seine Armbanduhr abzulegen.
Was er auch getan hat!
Dazu kommt noch die markante Begebenheit, die versinnbildlicht, Dinge nur noch der Reihe nach zu machen. Ein Geschäftsfreund war so angetan, dass der sehnsüchtig meinte er wünschte sich auch so zu sein. Er war fasziniert davon dass Jörg – mitten in der Geschäftszeit – die höchste Priorität sah seinem bald einjährigen Sohn die Flasche zu geben. Daneben durfte es nichts anderes geben, auch kein Telefonat.

Es war für die Verwandschaft von Gabriele (um die 70) ein Schock.
Es klingt auch nach wie vor wie ein Hammer:
„Mein Mann ist gestorben und ich habe

meine Freiheit gewonnen".
Wobei man wissen muss, dass sie nicht eine Frau in Abhängigkeit war sondern jemand mit hohem Kulturverständnis und gleich-hohen sozialen Idealen. Es hört sich so lapidar an; vielleicht rührte alles daher dass sie nach dem Abitur Hausfrau geworden war. Man weiss es nicht!

Wolf-Erwin (um die 70) zeigte sich als philosophisch geprägter Mensch. Hatte auch in Schule und UNI zig Jahre Geisteswissenschaft geschluckt. Transparenz war ihm wichtig. Ja, eigentlich war er glücklich, ganz offen über die Themen des Lebens sprechen zu können. Über Sex wie Tod und Leben, speziell über das Älterwerden wenn man alt ist' bis hin zum 'Sterben gehen' und alles Denken 'aufs Ende hin' (für ihn – mit Hebräisch-Examen) die Interpretation des Wortes 'holocaust'.
Miriam (um die 40) hat ihren Weg noch nicht gefunden. Sie verschafft sich aber gerade die geeigneten Voraussetzungen; sie hat sich einen Age Manager geangelt, der mit seiner Lebenserfahrung ihr authentische Hilfen

geben kann.
„Wissen hole ich mir von einem Coach, bei einem Age Manager aber kaufe ich noch Lebenserfahrung mit ein."
Bei den anderen ist es so konkret nicht.

So gibt für Jan (um die 20) und Hilde (um die 80) die Situation nicht mehr her. Sie sind guter Absicht. Das ja! An dem Punkt wo es sich zu entscheiden gilt sind sie noch nicht. Auch Jan hat erst einmal einen Auslandsaufenthalt wegen Studium begonnen.
Mir fällt auf dass ich beide gleich abhandle, obwohl zwischen ihnen sechzig Jahre Altersunterschied liegen.
Fühl mich an 'Harold and Maude' erinnert!

Franziska (um die 40) hat sich zwar konsequent auf den neuen Weg begeben, dabei aber auch eine lebendige Liebe kaputtgemacht.
Es gab von Vielen viele Tränen!
Klar – ist das auch eine spannende Geschichte aber nicht im Kontext von 'Verschwendung'.

Werner (um die 60) gerät bei den Anrufen

einer Freundin für's Wochenende regelmässig in trouble, sagt aber stets zu den angefragten Dates 'ja' und freut sich drauf.
Die Treffen tun keinem weh und der leichte Genuss tut gut.
'Verschwendung' ist für beide nur ein Wort.

Verena (um die 60) verharrt noch in der Erkenntnis „Ich wäre so gern anders".
Sie hat es aber auch nicht leicht. Der Mann den sie auf dem Schiff kennengelernt hat, lebt in einer 'anderen' Welt – verkörpert diese für sie gleichsam so intensiv, dass sie zugleich hingezogen und abgestossen ist. Die Ideale ihrer Vergangenheit geraten ins Schwimmen.

Pia (um die 80) ist die typische Vertreterin des Alles-Alleinmachens. Sie geht seit Jahren ihren Weg. Wenn sie mal mit anderen zusammen ist, erfährt der Gegenüber sie 'straight'. Da muss man schon mal Angst haben.

Mit Martha (um die 90) kannst du nur mitleiden. Andererseits: Es ist ihr Leben!
Und daraus kannst du natürlich für dich

Schlüsse ziehen!
Gegenüber Hans-Georg (um die 90) versuche ich so locker wie möglich zu sein. Dennoch sinniere ich über seine Lebenssituation.
Er ist Meister aller Klassen in der Chinesischen Kampfkunst, gibt immer noch Unterricht
(praktiziert dabei das 'rhythmische Stehen' – wie ich ihm mit verschmitztem Lächeln zu verstehen gegeben habe). Seinen japanischen Grossbogen vermag er noch zu spannen. Ins Ziel trifft er mit geschlossenen Augen.
Doch er weiss, es ist nicht mehr lange hin bis zum Tode.
Und er weiss, er nimmt nichts mit!
Die wenigen Stufen zu mir schafft er nur mit höchster Anstrengung.
Er verschwendet nun wirklich nichts.
Sich nicht und keine Zeit!

Wie ist die Wirkung der Entscheidung auf jene die um mich herum sind?

Dass Menschen untereinander in Kontakt treten und in Wechselwirkung agieren, ist grundlegend für die Menschbildung.
Wolf-Erwin (um die 70) erklärt mit seinem Wissen um die Dinge des Lebens den Kernpunkt der Anthropologie – denn das ist die Lehre vom Menschen. Zusammengefasst möchte ich seinen Ansatz so benennen:
'Zwar schafft sich der Mensch die Bedingungen seines Lebens selbst. Leben kann er aber nur wenn er sich als ICH erkannt hat. Das gelingt, wenn er mit einem Gegenüber, dem DU, in Verbindung tritt, korrespondiert und kommuniziert.'
Wolf-Erwin hat noch keine Gefolgschaft (dann müsst' er ja Guru sein, was er nicht will). Für seinen Ansatz hat er schon so manche und manchen gewonnen.

Martha (um die 90) hat bei ihrem Zuhörer einen Schock ausgelöst. Hätte wahrscheinlich im direkten Gespräch jeden so getroffen.

Passiert hoffentlich nur einmal im Leben, dass jemand von um die 90 zum Schluss eines Interviews zu den Worten findet:
„Ja, einen Grossteil meines Lebens habe ich verschwendet. Klingt fürchterlich, ich weiss."
Dem Interviewer ist der Stift aus der Hand gefallen!

Das Selbstverständnis von Hans-Georg (um die 90) führt zu einem milderen oder härteren – wie man's nimmt - Umgang mit den ihm wichtigen Leuten. Er lässt keinen näher an sich heran. Über seine eingeschränkte Gesundheit darf nicht diskutiert werden.
Das führt zu einem Schutz für alle Beteiligten. Denn er lässt nicht für sich sorgen und will nichts davon hören dass sich jemand um ihn sorgt.

Hilde (um die 80) ist nicht in einer aktuellen Entscheidungssituation. Ihr Mann hat ihre ganze Zuneigung, Liebe. Sich um ihren alten Mann (sie spricht selbst von ihrem Mann als alten Mann) kümmern hat ihre Priorität. Den Ehemann könnte man als Glückspilz be-

schreiben.
Was Wirkungen angeht bleibt bei Pia (um die 80) alles im Dunkeln oder am Horizont – wie man's betrachtet. Wirkungen ihres 'Straigt'-Verhaltens sind nicht aufzeigbar.

Wolf-Erwin (um die 70) wurde schon als Protagonist genannt der uns für dieses Buch die wissenschaftliche Basis vermittelt hat: 'seine Gedanken zu Anthropologie'.
Ähnlich wie der neunzigjährige Hans-Georg glaubt sich Wolf-Erwin seit geraumer Zeit in Balance mit sich selbst. Was Leute um ihn herum angeht, da ist er richtig sicher.
Noch hadert er ob jene - die mit ihm lieb sind - ihm noch zu letzten Schritten, zum maximalen Leben, verhelfen müssten. Echte Dialoge sind dazu rar.

Der Ausspruch von Gabriele (um die 70) klingt wie eine Äusserung des Schreckens:
„Mein Mann ist gestorben und ich habe meine Freiheit gewonnen." Ja, ihr Leben in ihren Siebzigern war ausserordentlich bunt und gehaltvoll, auch verrückt.
Mindestens ihre Enkelin wird später was von

dieser erzählten Erfahrung ihrer Oma haben!
An den Erfahrungen von Verena (um die 60) kann die Enkelin später etwas haben oder auch nicht. Es wird davon abhängen, inwieweit Verena ihr gedankliches Hinundher im Kreis ihrer Lieben zur Diskussion stellt. Schliesslich ist ihr Seufzer „Ich wäre so gern anders" ein Intensiv-Aussage und sehr intim.

Von Werner's (um die 60) Sich-Nicht-Entscheiden hat zumindest sein Counterpart, deren Verführungen er nicht so oft aber regelmässig erliegt, was davon.
Und, das wollen wir nicht vergessen: Er ja auch!

Jörg (um die 50) praktiziert bereits seine Entscheidung sich nicht zu verschwenden. Dadurch dass er sich selbst als Multifunktionstyp adé sagt und fortan alles der Reihe nach macht, kommen sogleich die Lieben um ihn herum in den Genuss des Allein-Wichtigen. Auch die Geschäftsfreunde während der Geschäftszeit!

Schwer zu sagen ist, ob auch bei Charlotte

(um die 50) ein Wirkungsgefüge aufgrund ihrer Entscheidung greift. Ich weiss es nicht.
Ihr selbst muss man zugestehen, so etwas wie das Ei des Kolumbus entdeckt zu haben.
Und das bei drei ihr aufgetürmten Sorgen und 5000 Kilometer entfernt!

Ach, wie konsequent ist Franziska (um die 40) vorgegangen, um zu ihrer Entscheidung sich nicht mehr zu verschwenden zu gelangen!
Zu hart trifft die Wirkung ihrer Entscheidungen ihre Lieben um sie herum. Von den Kindern ist keine Reaktion übermittelt. Vom Ehemann nur grosse Verstörtheit.
Nur einmal im Leben wird man eine solche Mitteilung – nur wenige Tage vor Weihnachten und Silvester – als Ehemann aushalten. Konsequent kam Franziska zu ihrem Ergebnis und sprach es aus: „Ich liebe dich zwar, aber ich möchte nicht mehr mit dir leben."

Miriam (um die 40) hat sich bei ihren Überlegungen zu einem neuen Lebensweg bewusst für Hilfe von aussen entschieden. Die Vermittlung von Wissen durch einen Coach ist ihr nicht genug. Wichtig ist ihr zu erfahren, was jemand anders, der ihre Situation kennt, an Lebenserfahrung mit einbringen kann.

Dass es dafür sogar eine neue Berufsgruppe gibt, war ihr neu. Age Manager, die Coaches mit Lebenserfahrung, davon hatte sie vordem noch nie gehört.

Nach den ersten gemeinsamen Überlegungen fühlt sie sich gut aufgehoben und geht mit Lust auf ihre Vierziger los. Dabei ist noch nichts konkret, nur die Kenntnis von Möglichkeiten schafft ihr bereits die Befreiung, für neue Ufer am Lebensfluss offen zu sein.

Thomas (um die 30) entscheidet sich einen ihm bekannten Weg in der Juristerei neu zu gehen. Ganz automatisch – so scheint es – unterstützt er damit die berufliche Entwicklung seiner Frau als Anwältin und Mediatorin. Das Plädoyer für einen Hausmann im Haus wird an dieser Stelle nicht besonders hervorgehoben.

Anna (um die 30) peilt mit dem Medizinstudium in Dänemark einen radikal anderen beruflichen Weg an. Sie reisst sich aus ihrer abgesicherten Beamtentätigkeit als Lehrerin

los. Ihre berufliche und örtliche Neuorientierung mit nicht bekannten Risiken wird zu einem verstärkten Kontakt zu ihrer Oma in Kopenhagen führen.
Für die alte Dame heisst das ein Plus in ihrer bisherigen Lebensqualität, da die Enkelin in ihr Berufsgebiet bei ihr daheim einsteigt.

Bei Jan (um die 20) kann man nicht von Verschwendung sprechen. Erst einmal geht er zielgerichtet sein Studium in Wien an. Den Eltern ist ein wenig bang, ob es dem Jungen auch beim ersten Alleinleben nicht zu einsam ist. Beide Elternteile fühlen sich herausgefordert ihm Unterstützung zu geben wenn es nötig wird. Insofern sind auch Jans Eltern am Ball der Entwicklung, was sie recht positiv empfinden.
Da merkt man, wie gern man sich engagiert und lernen muss sich zurückzuhalten, zum Wohle des Kindes und zum Wohle seinerselbst.

Für Elisa (um die 20) hatte der Ernst des Studierens schon begonnen. Doch die Kurve zum richtigen Weg hat sie erst nach längerer

Zeit, nach Jahren, gefunden.
Wenn ihre Eltern es auch mit Bedauern sehen dass sie nicht mehr wie zuvor von dem kuscheligen Zuhause aus das Fernstudium absolviert, finden sie sich doch hinein wie die Eltern von Jan.

Ende der reflektierten Episodenberichte

Und
nun zur ganz persönlichen Weiterarbeit

" ... und verschwende dich nicht! "

Was ich noch sagen will, damit's persönlich werden kann: mein Aufruf
„ ... und verschwende dich nicht! "

Ist man – gleich in welchem Alter – an einem Scheitelpunkt angekommen, wie zum Beispiel Miriam in der Zeit nach ihrem vierzigsten Geburtstag, tritt die Wende mit 50 Prozent Wahrscheinlichkeit ein.
Das besagt die Statistik. Die Mathematik lehrte uns das bereits in der Schule. Und:
Mit gleicher Prozentzahl geht's theoretisch /mathematisch auf Ende hin, auch auf das persönliche Ende. Da beisst die Maus keinen Faden von ab.

Eigentlich erfahren wir aber <u>ein doppeltes Leichtes</u> an jenem Scheitelpunkt:
Einmal
- haben wir schon 50 Prozent zur persönlichen Wende erreicht und sind schon mit jedem weiteren Prozent auf einem neuen Weg, einer massiven Veränderung des bisherigen.
Und dann - kann es passieren, dass wir den

Scheitelpunkt fast ohne eigenes Zutun erreicht zu haben scheinen.
Das macht uns locker, für die Betrachtung und den weiteren Weg.
Erinnern will ich hier noch einmal an den „Weisheits-Song" aus dem 'Weissen Rössl':
„S'ist einmal im Leben so, andern geht es ebenso." Ergänzen möchte ich 'und stets auf und ab'.
Es geht also mal so und mal so, auf und ab. Und dann ist Konsequenz gefragt, wiederum mal so und mal so – aber dann mit 100 Prozent in die Richtung, für die man sich entschieden hat.

Das ist auch der Grund dass ich zu den Episodenberichten in jeder Dekade so etwas wie eine **Quintessenz** mitgegeben habe. Die sich eindeutig widersprechenden Aufforderungen machen deine eigene Entscheidung notwendig. Ist dir klar; ist doch dein Leben!

Ein letztes Motto habe ich für dich. Es wird dir helfen auf deinem Weg bei dir zu bleiben:
Tänzel nicht! Fass eine Entscheidung!
Wie schon zuvor adaptiere ich auch hier

Sören Kierkegaards locker-lieben Hinweis in seinem Vorwort zu seinem Werk 'Philosophische Brocken oder ein Bröckchen Philosopie'.

Abschluss-Motto

- Denk über alles nach.
  oder
- Hab nicht zu allem eine Meinung.

Und
zum Abschluss das Arbeitsmuster zu

„ ... und verschwende dich nicht! "

Wie dir dieses Arbeitsmuster helfen kann - ob du nun um die 20 oder um die 90 bist, oder irgendwo dazwischen!

Im Interview mit Miriam (um die 40) fragte jene einen Coach mit Lebenserfahrung, ihren Age Manager, wie eine Begleitung in ihrer ganz persönlichen Umbruchphase aussehen könne.
An dieser Stelle will ich noch einmal explizit für dich, liebe Leserin, lieber Leser, aufzeigen nach welchem Arbeitsmuster du selbst für dich oder in Begleitung mit einem Age Manager vorgehen kannst.

Auszug aus dem Dialog des Age Managers mit Miriam, die sich für eine Unterstützung interessiert:
Age Manager:
„Wie lang ist es her, das mit deinem Wochenende?"
(der Autor: Miriam hatte sich ein Wochenende vorgenommen um für sich die Möglichkeiten für einen neuen Lebensweg herauszufinden)

Miriam:
„Höchstens vier Wochen; ich musste Sie, ich meine: dich, ja noch ausfindig machen."
Age Manager:
„Bist du einverstanden, wenn ich dich frage, was in den vier Wochen anders geworden ist?"
Miriam:
„Klar, deshalb bin ich hier."
Age Manager:
„Mich interessiert wo du dich in dieser Zeit mit Veränderungen in deinem Lebens-Ablauf befassen musstest. Ich denke da an deine berufliche Tätigkeit, deine feste Beziehung und wie du dich gesellschaftlich akzeptiert fühlst.
Dann geht's noch um dein ICH, dazu gehören auch 'sich Gutes tun' oder Hobbys ausüben.
Miriam:
„Es geht um's Ganze, ja?
Age Manager:
„Ja.
Danach versuchen wir eine Einordnung zu dem Geschehen zu erreichen. Wir erfassen den Status deiner Lebensziele. Das machen wir dann jedesmal wenn wir zusammenkom-

men. Als Grundlage haben wir eine Liste, eine Matrix, mit der wir arbeiten."
Miriam (schaut auf die Matrix):
„Und diese Zahlen da, von 1 bis 10? Und dann gleich zweimal?"
Age Manager:
„Die sind kennzeichnend dafür welches Bild du dir von dir machst, wie du dich eben einschätzst."
Miriam:
„Ein Selbstbild also."
Age Manager:
„Richtig, so heisst es. Zunächst machst du dir ein Bild wie du es aktuell von dir siehst. Und dann noch eins wie es deiner Meinung nach sein sollte.
Finde dabei eine Bewertung zwischen dem Minimum 1 und dem Maximum 10."
Miriam:
„Äh, verstehe ich das richtig? Ich soll meine Arbeit, meine Beziehung und das alles einschätzen?"
Age Manager:
„Nein, nicht so. Du bewertest in dieser Matrix wie stark oder wie schwach die Veränderungen sich ausgeprägt haben."

Miriam:
„Mhm. Das mach ich ja nicht allein?"
Age Manager:
„Könntest du natürlich. Doch – zusammen geht's vielleicht leichter."

So kann's gehen:
Frag dich:
Warum verschwende ich mich eigentlich?

Reflexionen im Rhythmus der Jahreszeiten, also 4-mal im Jahr – zum Beispiel

Methode in der Fakten-Führung
1 Frag dich: Wie ist der Sommer (Herbst, Winter, Frühling) gelaufen?

2 Denk nach über das Geschehene

3 Find eine Bewertung für dich selbst
 – IST und SOLL

3 Fass einen Entschluss

4 Zieh deine Entscheidung durch

Vorgabe für Inhalte

A ICH-Element / Sich selbst Gutes tun, auch Hobby

B DU-Element / Beziehung zu Partnern und gesellschaftliche Akzeptanz

C Job-Element / Berufliche Tätigkeit

Was du noch wissen solltest!
Das Wichtige bei diesem Vorgehen ist nicht der Inhalt an sich, wenn man auch von dem was einem widerfährt betroffen oder erfreut ist.
Vielmehr gilt es festzustellen, wie sich die Ver-änderungen zwischen den Statusaufnahmen darstellen und in welche Richtung grössere oder kleinere Ausschläge ins Auge fallen.

„ ... und verschwende dich nicht! "

Und nun:

Verschwende keine Zeit.
Ich höre dir zu. Lese was du schreibst.
Bin dein Gegenüber.
Such den Kontakt mit mir!

Tel   0152 - 28723156

Age Manager Karl Niemann

karl.niemann@agemanager.de
www.agemanager..de

Libellus – Reihe von Karl Niemann

Es liegen vor:

Libellus I
    Liebe – ein Traktat

Libellus II
    „... und verschwende dich nicht!"

in Arbeit bzw. in Vorbereitung:

Libellus III
    Wie ich zum Schwellenfinder
    für wohnen und leben werde
    und zu Lösungen für 'auf dem
    Lande' und 'in der Stadt' komme!